Susanne Wingels

Niederrhein

Schlösser, Burgen, Herrenhäuser und Rittergüter

Wartberg Verlag

Susanne Wingels

Niederrhein

Schlösser, Burgen, Herrenhäuser und Rittergüter

Wartberg Verlag

Bildnachweis

S. 13 Huis Bergh (Fotograf: Robin Sommers), S. 17 Burg Boetzelaer (Fotograf: Dipl.-Ing. Maximilian Freiherr von Wendt), S. 33 Schloss Hertefeld (Fotografin: Katharina Jäger), S. 47 Grafschafter Museum (Fotograf: Manfred Fahrig), S. 59 Dirk Verweyen Lichtbilder

Zeichnung S. 70: Jan de Beijer: Het Huys Wissen aan de Niers (Quelle: Schloss Wissen)

Alle weiteren Fotos stammen von der Autorin

Quellen

Ulrike Frede und Britta Spies (Hg): Schlösser & Kastelen, Tecklenborg-Verlag 2008

Peter Eickhoff: 111 Orte am Niederrhein, die man gesehen haben muss, emons 2011

Jens Wroblewski, André Wemmers: Theiss Burgenführer Niederrhein, Konrad Theiss Verlag 2001

Stefan Frankewitz: Burgen, Schlösser, Herrenhäuser an den Ufern der Niers, Boss-Verlag Kleve 1997

Adolf Kaul: Geldrische Burgen, Schlösser und Herrensitze (Veröffentlichungen des Historischen Vereins für Geldern und Umgegend)

Wolfgang Krebs: Geschichte der Stadt Kleve, Pagina-Verlag 2015

www.rheinische-geschichte.lvr.de, www.kuladig.de, www.wikipedia.de, www.rp-online.de, www.nrz.de, www.blattus.de, www.wassenberg.de, www.vvv-lobberich.de, www.rheinland.info sowie Infomaterial, Internetseiten und Führer der jeweiligen Schlösser, Burgen und Häuser bzw. der entsprechenden Städte und Gemeinden

1. Auflage 2020

Layout und Satz: Christiane Zay, Potsdam

Druck: Griebsch & Rochol Druck GmbH, Hamm

Buchbinderische Verarbeitung: Buchbinderei S. R. Büge, Celle

34281 Gudensberg-Gleichen, Im Wiesental 1

Telefon: 0 56 03-9 30 50

www.wartberg-verlag.de

ISBN 978-3-8313-3252-6

Inhaltsverzeichnis

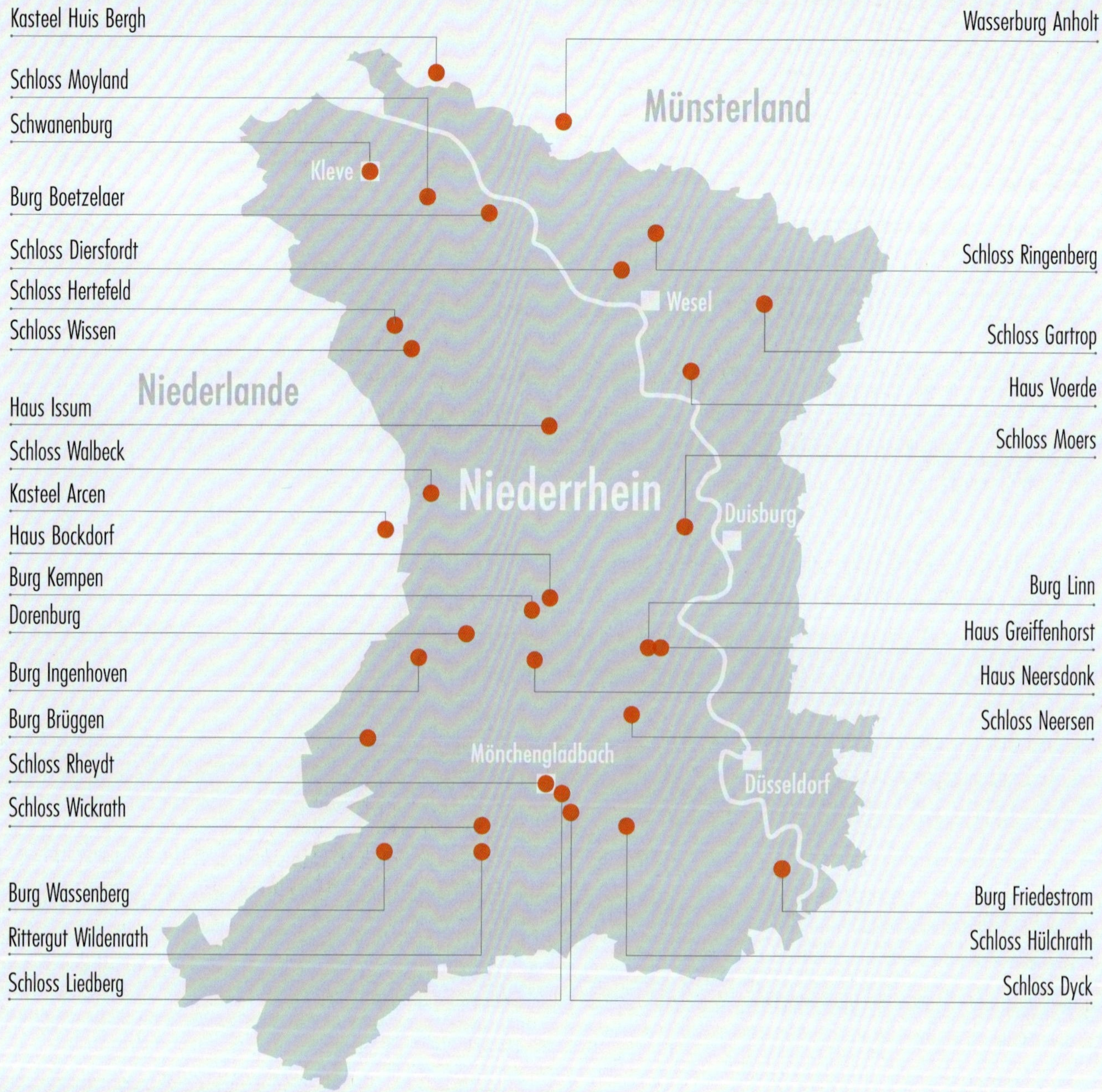

Kasteel Huis Bergh
Schloss Moyland
Schwanenburg
Burg Boetzelaer
Schloss Diersfordt
Schloss Hertefeld
Schloss Wissen
Haus Issum
Schloss Walbeck
Kasteel Arcen
Haus Bockdorf
Burg Kempen
Dorenburg
Burg Ingenhoven
Burg Brüggen
Schloss Rheydt
Schloss Wickrath
Burg Wassenberg
Rittergut Wildenrath
Schloss Liedberg
Wasserburg Anholt
Münsterland
Kleve
Schloss Ringenberg
Wesel
Schloss Gartrop
Haus Voerde
Niederlande
Schloss Moers
Niederrhein
Duisburg
Burg Linn
Haus Greiffenhorst
Haus Neersdonk
Schloss Neersen
Mönchengladbach
Düsseldorf
Burg Friedestrom
Schloss Hülchrath
Schloss Dyck

Vorwort

Mauern, die Geschichte(n) erzählen ... Seit jeher üben Schlösser, Burgen und Herrenhäuser eine besondere Faszination auf Menschen aus. Sie sind keinesfalls „stumme" Zeitzeugen! Wälle und Gräben trotzen Belagerungen, Gewölbe sind Zeugen grausamer Taten und schmählichen Untergangs, aber auch der Lagerung opulenter Vorräte. Zinnen und Stuck versinnbildlichen überdeutlich Reichtum, Macht und prahlerische Selbstdarstellung. Weitläufige Parkanlagen und üppige Rosengärten betören unsere Sinne nach wie vor und laden uns ein auf eine Reise in die Vergangenheit.

Dieser Band beschäftigt sich mit Gebäuden und Orten, die uns bis heute zugänglich sind und uns verzaubern. Die zahlreichen Schlösser, Burgen und Herrenhäuser und die Familien, die sie bewohnt haben, sind eng mit der Geschichte der Region verwoben. Die Zugehörigkeit zu Kleve-Jülich oder Kurköln, der Achtzigjährige Krieg, der Ausbruch des Truchsessischen Krieges, die Parteinahme zur Zeit der Reformation, die Enteignung zur napoleonischen Zeit, die Beseitigung der Schäden aus dem Zweiten Weltkrieg – jedes Haus weiß seine eigene Geschichte davon zu erzählen.

Begonnen hat alles in grauer Vorzeit, teilweise mit Befestigungen zur Römerzeit oder bei den Franken. Aus dem frühen Mittelalter existieren neben den heute sichtbaren Häusern (die meist auf der Basis älterer Vorgängerbauten errichtet wurden) die „abgegangenen" Turmhügelburgen, die sich nicht selten als unscheinbare Erdkegel in Wäldern oder Ortschaften befinden und ihre Geschichte erst preisgeben, wenn der Betrachter forscht und sich damit befasst.

Die heute sichtbaren Schlösser, Burgen und Häuser am Niederrhein sind fast ausnahmslos Niederungsburgen, meist Wasserburgen mit einer von einem Burggraben umgebenen Insel, die sich romantisch im Wasser spiegeln und nicht selten auf einer Burgmotte basieren. Zu den bekanntesten gehören die Schwanenburg in Kleve, Burg Wassenberg und Schloss Liedberg bei Korschenbroich, die majestätisch als Höhenburgen über dem Land thronen.

Die adligen Familiensitze oder Landesburgen wurden über die Jahrhunderte – bedingt durch die Anpassung an neue Gegebenheiten (Festungsbau aufgrund größerer Waffenreichweite, repräsentative Zwecke statt Verteidigung) – und unter modischen Gesichtspunkten überbaut, umgestaltet und modifiziert. So erzählt die Ausstellung im Schloss Moers anschaulich von eben jenen Umbauten, während sich Burg Linn dem Betrachter als klassisch mittelalterliche Anlage, Schloss Rheydt als Märchenschloss der Renaissance, Schloss Dyck barock und Schloss Moyland als typisch neugotisch überformter Bau präsentieren.

Tauchen Sie ein in die Vielfalt herrschaftlicher Baukunst und atmen Sie die niederrheinische Geschichte der vergangenen Jahrhunderte. Aus den mehreren hundert Häusern am Niederrhein habe ich für Sie diejenigen ausgesucht, die in verschiedenster Form für Sie zugänglich sind und spannende Geschichte(n) erzählen. Viel Freude an den herrlichen Schlössern, Burgen, Herrenhäusern und Rittergütern am Niederrhein!

Susanne Wingels

Wasserburg Anholt – Romantisches Märchenschloss mit weitläufiger Parkanlage

Wo ging Aschenputtel zum Ball? 2011 zumindest auf der Wasserburg Anholt, die im Volksmund üblicherweise Schloss Anholt genannt wird. Das Schloss war der Drehort für einen Märchenfilm des WDR. Es handelt sich um eines der größten Wasserschlösser des Münsterlandes. Die regionale Zuordnung ist jedoch nicht eindeutig: Die Gemeinde Isselburg, in der sich die Wasserburg und der nach ihr benannte Ortsteil Anholt befinden, wird sowohl dem Münsterland als auch dem Niederrhein zugerechnet. Wegen seiner Lage unmittelbar an der niederländischen Grenze dient das Schloss als Ort der Begegnung zwischen beiden Staaten: Am 22. Oktober 1986 traf Königin Beatrix der Niederlande Bundespräsident Richard von Weizsäcker auf Schloss Anholt – praktisch auf neutralem Boden zwischen beiden Ländern. Auch der deutsch-niederländische Zweckverband Euregio tagte bereits mehrfach auf der Burg.

Die Wehrburg

1169 wird Anholt erstmals erwähnt. Die Herren von Sulen hatten das Lehen vom Bischof von Utrecht erhalten, um eine Wehrburg zur Absicherung zu errichten. Wie so viele Burgen am Niederrhein wurde sie auf Pfählen errichtet. Ältestes noch erhaltenes Bauwerk ist der aus Tuffsteinen errichtete „Dicke Turm" aus dem 12. Jahrhundert, in dem sich heute die Rüst- und Waffenkammer sowie eine Ausstellung alter Münzen befinden.

Zur damaligen Zeit existierte gegenüber dem Turm ein kleines Wohnhaus, ebenfalls aus Tuffstein. Gemeinsam mit der umschließenden Mauer bildete die ursprüngliche Burg ein Oval, das im 14. Jahrhundert durch zusätzliche Flügel und Gebäudeteile aus Feldbrandsteinen zu einer zweigeschossigen Wehrburg ausgebaut und um eine Vorburg erweitert wurde. Mangels eines männlichen Erben gelangte die mittlerweile reichsunmittelbare Burg 1402 durch Heirat in die Hände der Familie von Bronckhorst-Batenburg (siehe auch Schloss Moyland), die das Anwesen in den folgenden knapp 250 Jahren kontinuierlich ausbaute, es angemessen ausstattete und bereits eine umfangreiche Gemäldesammlung besaß.

Anfang des 16. Jahrhunderts wurde die Burg von geldrischen Truppen erobert und 25 Jahre lang besetzt. Zwei Wappensteine des Herzogs Karl von Geldern und des Kaisers Karl V. am Glockenturm erinnern noch heute daran. Im Dreißigjährigen Krieg fiel die Burg Brandschatzungen und Plünderungen zum Opfer.

Anholt wird zum Barockschloss

1641 ehelichte die Erbin Gräfin Maria Anna den Fürsten zu Salm. Fürst Carl Theodor Otto ließ die wehrhafte Burg um 1700 in eine repräsentative Barockresidenz umbauen und verlieh ihr damit weitgehend ihr heutiges Gesicht. Der Fürst führte in Wien die Aufsicht über den Bau von Schloss Schönbrunn und nutzte seine Erfahrung für den Ausbau seiner eigenen Besitzungen. Der Mailänder Architekt Thomaso Tommassini setzte die Pläne des Fürsten in die Tat um, die einen hohen Dachhelm für den dicken Turm, einen neuen Eingang am Treppenhaus im Innenhof der Hauptburg, eine vierflügelige Hauptburg mit Schieferdach und die vollständige Vorburg mit Wirtschaftsgebäuden und Stallungen umfassten.

Entsprechend wurden im Inneren prachtvolle Repräsentationsräume hergerichtet und die Residenz opulent ausgestattet. Der Sohn, Fürst Ludwig Otto, der die Burg tatsächlich dauerhaft bewohnte, ließ nach französischem Vorbild einen Park mit einem streng symmetrisch aufgebauten und mit Hecken gegliederten Garten anlegen, der von einem Pavillon an der Nordseite aus direkt erreichbar war. Im Jahr 1719 kam es mangels männlicher Erben zu einer Vermählung der Erbin mit einem entfernten Cousin aus dem Geschlecht derer zu Salm, die in der Folge zu dem heutigen Titel „Fürst zu Salm-Salm" führte.

Im 19. Jahrhundert wurde der Park in einen englischen Landschaftsgarten umgestaltet. 1893 bis 1903 schuf Fürst Leopold zu Salm-Salm unter den Eindrücken seiner Hochzeitsreise an den Vierwaldstätter See die Anholter Schweiz, in der sich heute ein Biotopwildpark befindet. Der See wurde nachgebildet, Gestein und Holz für ein „Schweizer Häuschen" mit Pferdekarren und auf dem Wasserweg an den Niederrhein gebracht – ein Kunstwerk, das sich heute noch vor Ort bewundern lässt.

Der Zweite Weltkrieg brachte der Wasserburg Anholt Not und Zerstörung. 40 Jahre dauerte der Wiederaufbau. Mit großer Umsicht waren ein großer Teil der Einrichtung sowie die wertvollen Kunstwerke während der Kriegswirren sicher gelagert worden. Der Park wurde nach alten Plänen historisch gestaltet und bepflanzt. Die Wasserburg dient überwiegend als Museum.

Museum und Park

Wasserburg und Park sind öffentlich zugänglich. In unmittelbarer Nachbarschaft befinden sich der Biotopwildpark Anholter Schweiz und ein Golfplatz als Teil der ursprünglichen Parkanlagen. Die teilweise privat bewohnte Hauptburg bietet in dem bei Führungen zugänglichen musealen Teil Mobiliar und Porzellan aus verschiedenen Epochen, eine umfangreiche Bibliothek mit historischen Bänden und eine wertvolle Gemäldesammlung mit einem echten Rembrandt. In der Vorburg befinden sich ein Hotel und ein Restaurant.

Der Park präsentiert sich so wechselhaft und vielfältig wie die Geschichte des Anwesens: in weiten Teilen als weitläufiger Landschaftspark mit Laubengängen, offenen Parkanlagen, einer Wildblumenwiese und seltenen Gehölzen. Doch es sind auch barocke Elemente integriert: ein Irrgarten, der Wassergarten mit Skulpturen und Rosenbeeten sowie ein Busquett mit historischen Blumenbeeten. Zwischendurch bietet sich von allen Seiten ein märchenhafter Anblick: Die Wasserburg, die sich in der Gräfte spiegelt. Ein Fest für alle Sinne!

Anfahrt
A3 Ausfahrt Rees/Bocholt Richtung Rees, anschließend Richtung Anholt

ÖPNV
Linie 61, Schloss Anholt

Unterkunft / Gastronomie
Parkhotel Wasserburg Anholt

Events
Museum, Park, Anholter Schweiz, Golfplatz

Kontakt
Museum Wasserburg Anholt
Schloß 1
46419 Isselburg-Anholt
02874/90089-0
info@wasserburg-anholt.de

www.wasserburg-anholt.de

Kasteel Arcen – Schlossgärten an der Maas

Das Land an Rhein und Maas hat eine gemeinsame Geschichte, ungeachtet der deutsch-niederländischen Grenze, die mitten hindurch verläuft. So gehörte Kasteel Arcen, auf niederländischer Seite einen Steinwurf von der Grenze entfernt, im frühen Mittelalter zum Territorium von Straelen.

Zwistigkeiten

Das Landgut Arcen wurde aufgrund seiner Lage an der Maas schon zur Römer- und Merowingerzeit besiedelt. Im Jahr 1064 geriet es durch eine Schenkung der Gräfin Irmentrudis in die Hände der Abtei St. Michael (Siegburg), die einen Landvogt einsetzte. Auf Arnold van Straelen (ab 1275) folgten seine Töchter Elisabeth und Justina. Eine erste Schlossanlage an der Nordseite des Dorfes ist für das Jahr 1300 bekannt und dürfte von den Schwestern bewohnt worden sein. Da die Ältere zunächst kinderlos blieb, ging die Regentschaft nach einigen Jahren an Justina über. Als Elisabeth jedoch in dritter Ehe Arnold van Buren heiratete und die Regentschaft beziehungsweise Ausgleichszahlungen zurückforderte, führte dies zu einem langanhaltenden Familienzwist. In der Folge wurde Arcen 1330 eine freie Herrlichkeit, die zunächst von Graf Rainald II. von Geldern (siehe auch Issum) den Brüdern van Buren zugesprochen wurde.

Der Vorläufer des heutigen Schlosses stammt aus der Zeit nach 1503. In dieser Zeit heirateten Aleid Schenck van Nydeggen und Reiner van Gelre (Geldern). Vor 1511 wurde das ursprüngliche Haus zerstört. Der Wiederaufbau dauerte bis 1521. Das damalige Schloss bestand aus einem rechteckigen Gebäude mit einem niedrigen Anbau und einem runden Turm aus Mergelstein. Die ursprünglichen Fundamente blieben unter der Erde erhalten. Ab 1543 ging das Landgut über eine Eheschließung in den Besitz der Grafschaft Geldern über. 1646 wurde es im Zuge des achtzigjährigen Krieges erneut verwüstet.

Die Schlossanlage

Der Bau der aktuellen barocken Schlossanlage aus Backstein mit einem Hauptportal aus Naturstein begann an gleicher Stelle im Jahr 1653 mit dem Aufbau des Schlossvorhofes. Diese Jahreszahl wurde in Form des Wappens des Bauherren Marcelis van Gelder und seiner Gemahlin Johanna Maria van Lützenrode im Torgebäude für die Nachwelt festgehalten. Ab 1661 (dem Jahr, in dem Johan Godfried van Gelre und Maria Constantia van Pallandt heirateten), wurde das Hauptschloss wieder aufgebaut. 1677 wurde die Wassermühle am Bach errichtet. In der ersten Hälfte des 18. Jahrhunderts (sehr wahrscheinlich nach 1730) erfolgten Umbau und Erweiterung in ein U-förmiges, barockes Schloss.

Die Schlossherren Adolph Reiner van Gelder und Anna Maria Barbara Beatrix von der Recke ließen das heute noch sichtbare Allianzwappen über dem Eingang anbringen und statteten das Schloss mit Kaminen, Stuckdecken und einer Deckenmalerei aus. Da Arcen ab 1713 zu Preußen gehörte, wurde im großen Saal des Schlosses ein Portrait des preußischen Königs Friedrich Wilhelm aufgehängt, das sich bis heute dort befindet. Ebenfalls ließen sie ein Teehaus (die „Inaborg") mit Zugangswegen und Wasserwerk erbauen. In den Wäldern des Landgutes wurde erst kürzlich eines der größten Labyrinthe Europas entdeckt, das in dieser Zeit entstanden sein könnte.

Fast die gesamte linke Seite des Herrenhauses brannte in der ersten Hälfte des 19. Jahrhunderts ab. Während der linke Flügel nach dem Brand nicht wieder hergestellt wurde, konnte die ebenfalls stark in Mitleidenschaft gezogene linke Seite des Haupthauses im Jahr 1876 teilweise wieder aufgebaut werden. Aufgrund der Besetzung durch deutsche Truppen im Spanischen Erbfolgekrieg gehörte Arcen von 1753 bis 1814 zu Preußisch-Obergeldern. Während des Wiener Kongresses 1815 wurde die Stadt den Niederlanden zugesprochen.

Verfall und Wiederaufbau

Nachdem der letzte Besitzer des Schlosses, Professor Deusser, das Anwesen 1931 verließ, verfiel das Landgut zusehends. 1976 wurde es an die Stiftung Het Limburgs Landschap verkauft. Nach umfangreichen Restaurierungsarbeiten wurden 1988 die prachtvollen Gartenanlagen von Prinz Bernhard eröffnet. Das Schloss selbst, das auch heute noch von einer doppelten Gracht umgeben ist, enthält eine Ausstellung mit antikem Interieur, Kunst und Blumenarrangements. Im „Van Gelderzaal" werden standesamtliche Trauungen vorgenommen.

Südwestlich der Anlagen erinnert die Ruine des „Klosters Sint-Barbara" ebenso an die Vergangenheit des Landguts wie die Wälle und Gräben des ehemaligen „Forts Hazepoot" im Osten oder der restaurierte Teepavillon „Inaborg".

In den 32 Hektar großen Parkanlagen gruppieren sich unterschiedliche Themengärten um eine Seenlandschaft. Herzstück ist das barocke Rosarium mit über 8000 Rosen und dem alten Laubengang, während das subtropische Gewächshaus im Süden Pflanzen aus verschiedenen Klimazonen präsentiert. Zudem gibt es einen Kinderspielbereich, eine Streichelwiese mit Ziegen, Hühnern und Kaninchen und viele Vogel- und Fischarten. Themenbereiche wie asiatische Gärten, der Felsengarten, ein Bambuswald, Berg- und Talbereiche, Rhododendren und ein Turnierfeld sorgen für mannigfaltige Eindrücke.

Veranstaltungen wie „Elfia Arcen", die Blumenschau „Blumig!", ein Rosenfestival, das Lichtfest „Enchanted Gardens" und vieles mehr bieten vielfältige Höhepunkte im Jahreslauf.

Anfahrt
N271 Richtung Arcen befahren, der Beschilderung folgen

ÖPNV
Haltestelle „Maasstraat/Koestraat" in Arcen (5 Minuten Fußweg)

Gastronomie
Restaurants „Het Koetshuys", Bergpavillon, Kaffee-Ecke in der Casa Verde und weitere gastronomische Angebote bei Veranstaltungen

Events
Park- und Schlossbesichtigungen, Wochenend- und Abendveranstaltungen

Kontakt
Kasteeltuinen Arcen / Schlossgärten Arcen
Lingsforterweg 26
NL – 5944 BE Arcen
Niederlande
0031 77 4736010
info@kasteeltuinen.nl

→ **www.kasteeltuinen.nl**
→ **www.schlossgaerten.de**

Kasteel Huis Bergh – Zum Ritterschlag ins Montferland

Am Niederrhein ist der Name „van den Berg“ weit verbreitet. Zeugen des Wirkens des Grafengeschlechts van den Bergh finden sich auf Papier und Pergament in zahllosen Archiven. Oder in steinerner Form als eindrucksvolles Gebäudeensemble frei zum Begehen, Bestaunen und Anfassen einen Steinwurf hinter der deutsch-niederländischen Grenze im kleinen Örtchen 's-Heerenberg.

Huis Bergh wurde um 1100 auf sumpfigem Untergrund als von einer Palisade umrahmter Wohnturm auf einem künstlichen Hügel, umgeben von einem Graben, errichtet. Direkt nebenan entstand eine Vorburg mit Wirtschaftsgebäuden, Werkstätten und Ställen. Während die Form grundsätzlich erhalten blieb, änderten sich Werkstoffe und Wehrhaftigkeit. Um 1200 entstand anstelle des Holzturms ein runder Wohn- und Wehrturm aus Tuffstein, der im 14. Jahrhundert abgerissen wurde, dessen Reste jedoch heute noch in der Mauer der Hauptburg vorhanden sind. Palisaden wurden durch Mauern ersetzt. Im 14. Jahrhundert entstand auf den Außenmauern der Hauptburg ein großer viereckiger Backsteinturm, benachbart von einem rechteckigen unterkellerten Saal. Die Burgmauer erhielt einen Wehrgang und gemauerte Türmchen. Das gesamte Gebilde bestand aus einem nahezu runden Elfeck.

Der Ausbau

Durch Ausbauten an der Ostseite und einen Anbau an der Nordostseite um 1610 wuchs die Burg weiter und veränderte stetig ihr Gesicht. Die Vorburg erhielt zunächst drei Ecktürme und zur Stadtseite hin ein Torgebäude. Die vorgelagerte Kapelle aus dem 13. Jahrhundert wurde später zur Kreuzkirche ausgebaut. Zwischen den Türmen der Vorburg entstanden weitere Wirtschaftsgebäude. Diese Entwicklung lässt sich mit offenen Augen deutlich am Charakter der Gebäude ablesen – von mittelalterlichen Bauten an der Nordseite bis hin zu dem Gutsverwalterhaus aus dem Jahr 1843 in der Vorburg. Der Schlossgarten in seiner heutigen Form basiert auf einer Darstellung aus dem Jahr 1727 und gilt als der älteste Garten der Niederlande.

Seit dem 12. Jahrhundert befand sich die Wasserburg im Besitz der Herren van den Bergh – einer Familie, deren Macht und Einfluss zahllose Spuren am Niederrhein hinterließ. 1486 wurde Oswald I. van den Bergh durch den römischen Kaiser in den Grafenstand erhoben. Im Spanisch-Niederländischen Krieg kämpfte Graf Wilhelm IV. zunächst auf der Seite seines niederländischen Schwagers Wilhelm von Oranien, dessen Schwester er 1556 auf Schloss Moers geheiratet hatte. Durch seine Heirat bedingt, wandte er sich dem protestantischen Glauben zu. Er war ein erklärter Gegner von Hexenverfolgung, Tortur und Todesstrafe. Sein Wechsel auf die spanische Seite hatte tiefgreifende politische Folgen – eine Kehrtwendung, die bereits sein Sohn Heinrich wiederum in umgekehrter Richtung durchlief, nachdem er zuvor beinahe dafür gesorgt hätte, dass den Spaniern Pläne der Festung Schenkenschanz in die Hände gerieten. Nach 1600 verlor die Familie an Einfluss.

Zerstörungen und Wiederaufbau

Zu Beginn dieses Achtzigjährigen Krieges hatte auch Huis Bergh großen Schaden genommen. Dennoch entwickelten die Bauten sich weiter. Oswald III. ließ französische Fenster anstelle der alten Kreuzfenster einsetzen und die Zugänge renovieren. Nachdem er keinen männlichen Erben hinterlassen hatte, ging Huis Bergh durch Erbschaft in die Hände des Hauses Hohenzollern-Sigmaringen über. 1735 brannte die Hauptburg völlig aus.

Der Wiederaufbau erfolgte in schlichterer Form. Finanzielle Probleme, nicht zuletzt durch die Misswirtschaft des „tollen Grafen“ Johan Baptist Graf von Bergh en Hohenzollern im 18. Jahrhundert, der wegen Mordes gefangen genommen wurde, führten zu einer Nutzung des Hauses als Predigerseminar und schließlich zur Einrichtung von Wohnungen in der Burg, die vermietet wurden. Die Güter wurden nach und nach verkauft.

1912 erwarb Jan Herman van Heek, ein Textilfabrikant aus Enschede, das alte Gemäuer, in dem sich nur noch wenige Möbel und Gemälde befanden. Er restaurierte es liebevoll und brachte eine Sammlung mittelalterlicher Kunst unter, die sich stetig vermehrte. 1939 brannte die Burg erneut lichterloh. Während van Heek sich auf Geschäftsreise im Ausland befand, rettete die Stadtbevölkerung den größten Teil der Kunstwerke. Vom Haupthaus blieb nur eine Ruine übrig. Van Heek nutzte die Gelegenheit und restaurierte die Burg, indem er den ursprünglichen mittelalterlichen Zustand weitgehend wiederherstellte und beispielsweise wieder Kreuzfenster einsetzen ließ. 1946 gründete er die Stiftung Huis Bergh, die seitdem Gebäude und Besitz verwaltet. Seine Nachkommen logieren in einem Teil der Burg.

Der moderne Ritterschlag

Ein Großteil der Anlage ist der Öffentlichkeit zugänglich. Es gibt Gästezimmer, Ausstellungen und Räumlichkeiten für Tagungen und Feiern. Führungen, die Turmbesteigung und vor allem der Ritterschlag (bei dem die Besucher in historisierenden Kostümen während des Rundgangs mittelalterliche Aufgaben bewältigen) bringen Groß und Klein sowohl die Historie der Burg als auch mittelalterliche Kunst näher.

Zu sehen gibt es unter anderem frühe italienische und nordeuropäische Malerei, historische Portraits sowie mittelalterliche Handschriften, Münzen und Schnitzarbeiten, präsentiert in historischen Mauern bis hin zum Gewölbekeller. Ein gemütlicher Schmaus im Restaurant in der Vorburg und ein abschließender Spaziergang durch die Gärten oder über den Stadtwall rund um die Burg vollenden den Besuch.

Anfahrt
A3 Abfahrt Emmerich,
weiter Richtung 's-Heerenberg

ÖPNV
Buslinien 24 + 91, Haltestelle „Gouden Handen"

Unterkunft / Gastronomie
Übernachten im flachen und im runden Turm, Restaurant in der Vorburg, Kasteel Café Heeren Dubbel

→ **www.heerendubbel.nl**

Events
Museum, Audiotour, Turmbesteigung zu festen Zeiten, Außenanlagen, Heiraten im Schloss, Feiern und Tagen, „Ritterschlag" (Ridderslag)

Kontakt
Kasteel Huis Bergh
Hof van Bergh 8
NL-7041 AC 's-Heerenberg
0031 314 661281
info@huisbergh.nl

→ **www.huisbergh.nl**

Haus Bockdorf – Arche-Hof vor historischer Kulisse

Besser bekannt als Gut Heimendahl, zieht der landwirtschaftliche Betrieb Haus Bockdorf eine Vielzahl von Besuchern von nah und fern an. Dies liegt zum einen an Hofladen mit eigener Metzgerei, Café und Biergarten, zum anderen an den Gebäuden: dem strahlend weißen Torhaus aus dem 17. Jahrhundert und dem pittoresken neugotischen Herrenhaus. Im weitläufigen Park sind gleich mehrere Naturdenkmäler zu finden – unter anderem ein Mammutbaum von mehr als 40 Metern Höhe und einem Brusthöhendurchmesser von etwa 2,35 Metern, der zu den zwanzig größten Mammutbäumen Deutschlands gehört.

Der Gutshof

Der historische Gutshof Bockdorf wird 1358 erstmals erwähnt. Der Name geht vermutlich auf einen Buchenhain in der Nähe zurück. Die Landherren „zu Bockdorf“ bewiesen sich im Laufe der Jahrhunderte als Gemeindebürgermeister, Honne (verantwortlich für öffentliche Ordnung und Steuerumlagen), Schöffen, Geistliche und Schützenkönige. Wie so viele Höfe im Kempener Land bestand das Gut im 17. Jahrhundert aus einem Torhaus, mehreren Wirtschaftsgebäuden, einem Hallenhaus zum Wohnen, Speichern und für die Viehhaltung und einem separat gelegenen, „Berfes“ genannten Wehr- und Schutzturm (häufig aus Fachwerk). Gut und Berfes waren von Wassergräben umgeben. Dienten diese beim Berfes wehrhaften Zwecken, so hatten sie für das Gut an sich eine ganz andere Bedeutung: Gräben entwässerten das Gelände, so dass die Grundmauern des Gebäudes trocken blieben. Gutshöfe wurden häufig auf nassem, wertlosem Land erbaut, damit das höher liegende trockenere Land mit dem besser geeigneten Boden für den Ackerbau genutzt werden konnte. Durch Gräben wurde der Untergrund trockengelegt.

Besonders im 16. und 17. Jahrhundert überzogen Krieg und Unruhen und umherstreifende Soldatengruppen die Gegend. 1602 erpressten „staatische Reuter“ von jedem Bewohner des Gutes und seiner Nachbarschaft zwei Reichstaler, 1604 zudem fünf Pferde. Der Schaden lag bei 150 Reichstalern.

Ein bürgerliches Gut

1781 kaufte der Krefelder Kaufmann Adam Wilhelm Scheuten Gut Bockdorf für 8425 Reichstaler und verpachtete den Betrieb. 1783 bis 1785 wurden Herrenhaus, Pächterwohnung, Torhaus, Stallungen und Backhaus instandgesetzt und teilweise erneuert. Im „Baumgarten“ wurden Fischteiche und Brückenanlagen angelegt und ein „Plaisirhaus“ erbaut. Der Wald wurde aufgeforstet. Bis 1800 vergrößerte er die Ländereien um 91,2 Morgen Ackerland.

Nach seinem Tod erwarb der mit den „Seidenbaronen“ von der Leyen verschwägerte Krefelder Fabrikant und Geheime Kommerzienrat Peter von Loewenich 1802 das Gut. 1807 nutzte er die durch die Säkularisation gegebene Möglichkeit, ebenfalls Burg Kempen zu erwerben. Während der von ihm veranlassten Umbauarbeiten wurde ein Teil des Wassergrabens verfüllt und ein einzeln stehendes Gebäude abgerissen. An dieser Stelle errichtete er ein neues Herrenhaus in klassizistischen Formen. Sein Wappen ziert heute noch das „Löwentor“, den damaligen Hauptzugang zum neuen Gebäude. Eine seiner Töchter erbte das Gut. Sie war mit dem Krefelder Fabrikanten und Kommerzienrat Cornelius Floh verheiratet, der seinerseits mit seinem Cousin Cornelius de Greiff (siehe Haus Greiffenhorst) gemeinsam Seide produzierte. Nachdem die Enkelgeneration unter den Folgen der Verwandtenehen der mennonitischen Krefelder Textilfabrikanten zu leiden hatte und unverheiratet blieb, erwarb 1874 Alexander Heimendahl den Besitz. Der Preußische Geheime Kommerzienrat und Präsident der Krefelder Handelskammer spielte als Fabrikant von Samtstoffen ebenfalls eine große Rolle in der Krefelder Textilindustrie. 1888 wurde er von Friedrich III in den erblichen Adelsstand erhoben.

In der Folge wurde das Herrenhaus umfassend im neugotischen Stil umgeformt und erhielt sein heutiges Gesicht. Der Hauptzugang wurde zurückverlegt und führte wie früher durch das mittelalterliche Torhaus. Ein Teil der Wirtschaftsgebäude sowie das Hallenhaus wurden abgerissen und an dieser Stelle das heute noch vorhandene Rondell angelegt. Vom alten Bestand geblieben ist jedoch ein vom Torhaus gesehen rechts liegendes Gebäude, das durch Bauten aus dem 19. Jahrhundert ergänzt wird. Das gesamte Ensemble steht unter Denkmalschutz.

Der Arche-Hof

Über die Hühner- und Pferdezucht, Obstplantagen, Getreidesaatgutvermehrung und Gemüseanbau entwickelte sich der heutige Arche-Hof mit gleich mehreren vom Aussterben bedrohten Schafrassen, Schweinen, Hühnern, über 200 Bronzeputen und Grasmastgänsen. Diese Aktivitäten führten zudem zur Direktvermarktung der angebauten Lebensmittel und des selbst produzierten Fleisches.

Heute beherbergt Haus Bockdorf einen stattlichen Hofladen mit eigener Metzgerei und einem umfangreichen Angebot an Lebensmitteln und landwirtschaftlichen Erzeugnissen. Die hauseigene Gastronomie bietet Backwaren, Kuchen, das wöchentliche Suppenessen und jahreszeitlich bedingte Spezialitäten.

Das historische, wie eine Zeitreise anmutende Ambiente wird viel und gern für Fotoshootings und Filmaufnahmen sowie als Rahmen für private Feiern genutzt und beherbergt einmal jährlich ein mittelalterliches Ritterlager.

Etwas ruhiger ist es im Park, den man mit Fug und Recht als Arboretum bezeichnen kann. Der Mammutbaum steht seit über 150 Jahren an Ort und Stelle, ergänzt durch eine über 200 Jahre alte Esskastanienallee, eine alte Buche mit sieben Metern Umfang, Rhododendren und zahlreiche weitere botanische Besonderheiten. Der Weg zum Torhaus führt durch eine 1965 angelegte Blutbuchenallee, vorbei an friedlich weidendem Vieh. Eine gute Einstimmung auf die historische Kulisse, die den Besucher hinter dem blütenweißen Torhaus erwartet.

Anfahrt
Vom Kempener Außenring / B509 abbiegen auf den Krefelder Weg Richtung Schmelendorf / Unterweiden.

Gastronomie
Hofladen und Hofcafé, eigene Metzgerei, samstags Suppenessen, jahreszeitlich Wild- oder Gänseessen, niederrheinische Kaffeetafel für Gruppen

Events
öffentlich zugängliche Hofanlage, Arche-Hof, Hofladen, Gastronomie, private und Firmenfeiern, Film- und Fotolocation, Hoffest, Krimidinner, mittelalterliches Ritterlager, Konzerte und andere Veranstaltungen, historische Parkanlage, am Hof ansässige Handwerksbetriebe und Werkstätten, Weihnachtsbaumverkauf

Kontakt
Gut Heimendahl
Haus Bockdorf
47906 Kempen
Tel. 02152 89890
info@gut-heimendahl.de

→ **www.gut-heimendahl.de**

Burg Boetzelaer – Das Haus am See

Für die Einheimischen gibt es drei Dinge, an die sie denken, wenn vom Kalkarer Ortsteil Appeldorn die Rede ist: den Kinderkarnevalszug am Veilchendienstag, die örtliche Zuckerrübenfabrik und Burg Boetzelaer – Fels in der Appeldorner Brandung am Altrheinarm Boetzelaerer Meer, gleich vis à vis der besagten Fabrik. Die Burg bietet Gästezimmer und Räumlichkeiten für Tagungen/Seminare sowie eine Frühstücksgastronomie und ist Stätte zahlreicher besonderer Veranstaltungen wie Krimidinner, Tanztee, Kulturangebote der Region und vieles mehr.

Die Bedeutung der ehemals auf drei Inseln gelegenen Wasserburg wird deutlich, wenn man ihre Geschichte betrachtet: Ihre Existenz wurde 1265 erstmals bezeugt. Nachdem im 13. Jahrhundert ein quadratischer Wohnturm an der Südecke der Hauptburginsel mit einer südlich gelegenen Vorburg existierte, wurden im 14. Jahrhundert eine Ringmauer sowie ein Palas und drei Rundtürme angelegt. Der Bergfried auf einem quadratischen Grundriss von 8,5 x 8,5 Metern wurde auf sieben Stockwerke aufgestockt. Neben dem damals gewaltigen Ausmaß des nahezu uneinnehmbaren Kastells ein deutliches Zeichen, dass es sich um einen machtvollen unabhängigen Eigenbesitz handelte. Das Rittergeschlecht der van den Boetzelaer war überaus einflussreich und ein gefragter politischer Bündnispartner der regierenden Häuser der Region sowie des sehr mächtigen Kölner Bistums.

Aus eins mach zwei

1316 wurde das Erbe geteilt. Aus dieser Teilung entstanden zwei zusätzliche wehrhafte Wohnhäuser in der Vorburg. 1379 begab Rutger III. van den Boetzelaer sich und seine Burg in den Schutz des Kölner Erzbischofs und behielt sie als Lehen, woraufhin der Besitz zwischen die Fronten geriet. 1380 wurde er von Gefolgsleuten des Grafen von Kleve in Köln gefangen genommen. In der Folge schwor er beiden Parteien Urfehde (beeideten Fehdeverzicht). Zehn Jahre später geriet er unter den Verdacht, den Mord am klevischen Rentmeister angezettelt zu haben, und verschanzte sich auf der Burg. Nach einer langanhaltenden Belagerung gelang es jedoch Adolf von Wylich 1395/96, den Besitz einzunehmen. Im darauffolgenden Jahr erhielt Rutgers Sohn das Anwesen als klevisches Lehen zurück.

Auch baugeschichtlich erlebte Burg Boetzelaer wechselhafte Zeiten: 1419 wurde eine zweite Vorburg errichtet und weitere Ausbauten vorgenommen, um 1560 erfolgte eine Modernisierung. Der Innenhof wurde (möglicherweise als Folge eines Hochwassers) aufgeschüttet. Die heute noch vorhandenen Reste des Renaissancekamins aus jener Zeit schmückt ein Fries aus der Werkstatt des Kalkarer Bildhauers Arnt van Tricht. Eine barocke Umgestaltung im 17. Jahrhundert führte zu einer Öffnung des Hauses zur Vorburg hin mit einer offenen Galerie mit Mittelrisalit im Innenhof sowie zur Errichtung eines dritten Flügels. Mangels männlicher Erben fiel der Besitz durch Heirat an die Freiherren von Wylich zu Kervendonk und gelangte schließlich ab 1702 in den Besitz der Herren von Hertefeld. 1806 wurde die Burg vom Freiherrn von Gülcher erworben, der 1816 in den niederländischen Adelsstand erhoben wurde. Im Anschluss erfolgte eine Verkleinerung der Anlage mit einer Umgestaltung zu einem klassizistischen Schloss. Der Bergfried und die östliche Hälfte des Palas wurden abgebrochen. 1920 erhielt die auf die heutige Größe reduzierte Burg eine Dampfheizung.

Der Zweite Weltkrieg und Plünderungen führten zu starken Schäden. Nach einer notdürftigen Reparatur wurde lediglich die Vorburg zu Wohnzwecken hergerichtet und bewohnt. Wie so viele andere Häuser war auch Burg Boetzelaer in der Mitte des 20. Jahrhunderts jahrzehntelang dem Verfall preisgegeben. 1978 erwarb der heutige Besitzer, Freiherr von Wendt, die Anlage. Sie wurde archäologisch und burgenwissenschaftlich untersucht, gesichert und Stück für Stück wieder nutzbar gemacht und restauriert.

Übernachten wie ein Burgherr

Heute präsentiert sich die Burg mit den Relikten ehemaliger Bauepochen und den Facetten all jener Jahrhunderte, die sie schon überdauerte: eine prachtvolle, von Säuleneichen gesäumte Zufahrt, ein Park mit altem Baumbestand, eine liebevoll restaurierte Vorburg sowie eine Hauptburg, in der baugeschichtliche Substanz alter Zeiten mit Architekturelementen des 21. Jahrhunderts und einer vorgelagerten Terrasse eine Einheit bilden. Geboten werden sieben Gästezimmer und drei Suiten, Frühstück im historischen Rittergewölbe, Heiraten auf der Burg und etliche Veranstaltungen, auch in Zusammenarbeit mit der Stadt Kalkar. Und wem es nach etwas mehr Stille gelüstet, der wendet sich der Rückseite zu – dem älteren Gesicht der Burg mit einem runden Eckturm, romantisch am See gelegen mit Enten und Eisvögeln im Schilf.

Archäologie und Architektur

Im Verlauf der Jahrhunderte wurde jedes einzelne der in diesem Buch portraitierten Häuser unzählige Male zerstört, wieder aufgebaut oder der Mode entsprechend umgestaltet. Burg Boetzelaer ist ein Musterbeispiel für den heutigen Umgang mit verfallenen alten Bauwerken. Erhaltene Gebäude (wie in diesem Fall die Vorburg) werden behutsam saniert und restauriert. Zudem findet eine archäologische Untersuchung offen liegender Mauerreste oder unter der Erde liegender Relikte früherer Bauten statt. Diese Vorgehensweise hat zu bahnbrechenden Erkenntnissen über die frühe Geschichte etlicher Burgen geführt. Nach Abschluss dieser Arbeiten findet ein Wiederaufbau oder die Ergänzung vorhandener Gebäude statt: Entweder historisierend wie am Schloss Liedberg oder mit deutlich abgesetzter moderner Architektur, wie sie am Schloss Rheydt und im Frontbereich der Burg Boetzelaer zu finden ist.

Anfahrt
B67 Kalkar-Rees Richtung Appeldorn verlassen. Nach 500 m links.

ÖPNV
Linie 47, Haltestelle „Appeldorn Grundschule"

Unterkunft / Gastronomie
Hotel im Haus, Frühstücksgastronomie und Specials buchbar

Events
Krimidinner, Tagungen, Frühstück in historischen Mauern, Tanztee, standesamtliche Trauungen, Hochzeiten und Feiern, Kulturveranstaltungen

Kontakt
Burg Boetzelaer
Reeser Straße 247
47546 Kalkar-Appeldorn
02824/97799-0
info@burgboetzelaer.de

www.burgboetzelaer.de

Burg Brüggen – Ehemalige Landesburg an der Schwalm

Die Wasserburg Brüggen und ihre Mühle bilden seit der Ersterwähnung Heiligabend 1289 ein unzertrennliches Ensemble und die südöstliche Grenze der Brüggener Altstadt. Das liegt auch an der Lage an einer Furt der Schwalm, von der noch die Schwalmpforte (heute ein Restaurant) kündet, die die Grenze der Festung Brüggen als Wehranlage befestigte und später als Zollstation und Rentei diente. Burg Brüggen war bis 1794 die bedeutendste Landesburg des Herzogtums Jülich und dessen nördlichste Grenzfestung.

Erbaut wurde sie im 13. Jahrhundert zur Sicherung der Furt an der Kreuzung zweier wichtiger Handelsstraßen zwischen Rhein und Maas durch die Grafen von Kessel, die es 1289 dem Herzog von Brabant zu Lehen auftrugen. Sie übergaben ihm ihr freies Eigengut, um es als sein Lehen unter seinem Schutz zurück zu erhalten.

An dieser Stelle befand sich bereits 897 eine Siedlung. Von der ursprünglichen Burg ist bekannt, dass sich im Bereich der heutigen Hauptburg ein Holzgebäude und ein Palisadenzaun befanden. Vermutlich gab es auch einen steinernen Wohnturm im Zentrum, dessen Mergelsteine (die von der Maas stammen, der ursprünglichen Heimat der Grafen von Kessel) bei der Errichtung der Burganlage verwendet wurden und im mittleren Bereich des noch vorhandenen Turms gut sichtbar sind.

Die neuen Herren

Nachdem die Grafen von Kessel verarmten und ausstarben, gab Brabant den Besitz Anfang des 14. Jahrhunderts den Grafen zu Jülich als Lehen. Diese ersetzten die vorhandene Anlage durch eine etwa quadratische Kastellburg (40 x 37 Meter) aus Backstein mit vier Rundtürmen und einem 14 Meter breiten Burggraben, von der heute vor allem der Palas im Süden, der Südwestturm, das Burgtor im Westen und Außenmauern eines weiteren nördlich gelegenen Flügels erhalten sind. Die Vorburg jenseits des Grabens besaß die Form eines Halbmondes. Von ihr ist noch das repräsentative Burgtor vorhanden. Mit der wehrhaften Burg entwickelte sich auch die Stadt Brüggen vor ihren Toren. Ende des 14. Jahrhunderts sind für die Burg Arbeiten an Dach, Schornstein und Küche belegt, ebenso ist überliefert, dass eine steinerne Donnerbüchse (eine Handfeuerwaffe für eine Einzelperson, die auch Handrohr genannt wird) angeschafft wurde. Im Jahr 1467/68 existierte bereits eine Burgkapelle.

Geplündert und gebrandschatzt

Die als uneinnehmbar geltende Burg wurde 1473 von den Truppen Karls des Kühnen erobert und gebrandschatzt. Dieses Schicksal teilte sie mit Venlo und Nijmegen. 1474 wurde sie erneut durch Gelderns Soldaten geplündert. Der Wiederaufbau führte zu einer Erweiterung der Burganlage und zur stärkeren Befestigung durch Bastionen und eine Zwingermauer rund um die Hauptburg. Der Palas erhielt im 16. Jahrhundert ebenso wie der Südwestturm ein weiteres Stockwerk. Die Höhe des ursprünglichen Dachansatzes ist an einem Spitzbogenfries erkennbar. An der Stelle des östlichen Eckturms wurde eine neue Kapelle erbaut. Im darauffolgenden Jahrhundert wurde der Torbau der Vorburg neu gestaltet. Er beeindruckt heute noch mit seinem Spitzbogentor und dem Tonnengewölbe über der Durchfahrt. 1994 erhielt der Südwestturm einen neuen Kegelhelm, der dem Zustand im 17. Jahrhundert nachempfunden ist. Er verfügte in seiner Blütezeit über ein Burgverlies, das nur über einen Hocheingang zugänglich war.

Museum Mensch und Jagd

Brüggen blieb bis 1794 Amtssitz des Herzogtums Jülich. Seit 1801 befindet sich die Burg in Privatbesitz. Nachdem sie bereits im 18. Jahrhundert dem Verfall preisgegeben war, ist heute nur noch ein Teil der Burg erhalten. Die Gemeinde Brüggen pachtete sie 1974 und richtete ein Museum ein, das neben der naturkundlichen Dauerausstellung „Mensch und Jagd“ eine Naturpark Schwalm-Nette-Informationsstelle und die Touristen-Information beherbergt. Der Turm kann bestiegen werden und enthält Informationen zur Geschichte der Burg. Der Burghof dient als Schauplatz zahlreicher Veranstaltungen, Theateraufführungen und Konzerte. Das Gelände rund um die Burg ist frei zugänglich. Auch von den Kasematten im Bereich der Wallanlage sind noch Reste erhalten. Seit 2012 trägt Brüggen den offiziellen Zusatz Burggemeinde.

Kasematten

Von den ursprünglich sechs Bastionen in den gemauerten Festungswällen sind nach Abbruch und Überschüttung der Anlagen zwischen 1760 und 1800 noch zwei vorhanden. 2019 wurden die Festungsgewölbe im Burgwall instand gesetzt und touristisch zugänglich gemacht. Die Ausstellung zeigt den Zustand zum Zeitpunkt der Erbauung um 1520 in der östlichen sowie während der Nutzung als Bunker mit Splitterschutzwänden 1943-45 im Zweiten Weltkrieg in der westlichen Kasematte. Aus dieser Zeit stammt auch ein Fluchtgang. Im Rahmen einer Führung und mit Hilfe einer App können die unterirdischen Befestigungsanlagen besichtigt werden. Weitere Kasematten am Niederrhein befinden sich in Rees, Rheydt, Heinsberg und Wesel.

Anfahrt
A52 Ausfahrt Niederkrüchten, den Schildern Richtung Brüggen folgen

ÖPNV
Linie 012, Haltestelle „Burg Brüggen" (weitere Busse nach Brüggen: SB83/SB88/064/074)

Gastronomie
in unmittelbarer Nähe

Events
Museum, Aussichtsturm, Parkanlagen, Mühle, Burgfestival, Niederrheinische Theaterfestspiele und Brüggen Klassik im Burginnenhof

Kontakt
Museum Mensch und Jagd
Burgwall 4
41379 Brüggen
02163/5701-4711
tourist-info@brueggen.de

www.brueggen.de
www.menschundjagd.de

Schloss Diersfordt – Heiraten in historischen Mauern

In der kleinen, zwischen Wesel und Rees gelegenen Ortschaft Diersfordt kommt einiges zusammen, was das Herz der Natur- und Kulturfreunde höher schlagen lässt. Zwischen dem Diersfordter Waldsee und dem Waldgebiet um das Wildgatter mit geschützter und einzigartiger Natur befindet sich das Wasserschloss Diersfordt. Hier kann stilvoll gefeiert und geheiratet werden. Im Museum des Heimatvereins direkt nebenan (im ehemaligen Eiskeller mit ursprünglicher Nutzung als Ölmühle) geben Exponate aus einem Gräberfeld der frühen Eisenzeit, eine Ausstellung zur 700-jährigen Geschichte des Schlosses und des Eiskellers und Informationen über die regionale Tier- und Pflanzenwelt Aufschluss über die Entwicklung der Ortschaft und der Region.

Haus Dyrsvort

1334 wird „Haus Dyrsvort“ erstmals als Besitz des Ritters Theodoricus de Heyssen urkundlich erwähnt. Das älteste bisher gefundene Mauerwerk einer mittelalterlichen Burganlage auf der verlandeten Rheinschlinge stammt aus dem 14. Jahrhundert. 1401 wurde Adolf von Wylich durch Dietrich von der Mark mit Haus und Gut Dyersvoert belehnt. Es blieb bis 1831 im Besitz dieser Familie. Die heutige Anlage stammt aus dem Jahr 1432. Aus dieser Zeit ist noch das Porthaus, ein Kornspeicher im Osten der Anlage, erhalten. Eine Abbildung aus dem Jahr 1612 zeigt Haus Diersfordt als Wohnburg mit drei spitzen Türmen, einer Kapelle, Wirtschaftsgebäuden, doppeltem Graben und einer Zugbrücke. Die Anlage befindet sich bis heute auf einer 150x60 Meter großen rechteckigen Insel mit einer 20 Meter breiten, heute trockengelegten Gräfte. Neben dem L-förmigen Hauptgebäude aus Backstein mit quadratischem Eckturm steht die ab 1774 erbaute evangelische Schlosskirche. Die Zufahrt wird flankiert von der ehemaligen Rossmühle und Rentei im Osten und dem Eiskeller aus der zweiten Hälfte des 18. Jahrhunderts im Westen. Westlich des Hauptgebäudes befindet sich ein um 1800 erbauter Wirtschaftshof.

Eine ländliche Residenz

Während des Achtzigjährigen und des Dreißigjährigen Krieges wurden Burg und Ländereien mehrfach gestürmt, geplündert und beschädigt. In der Folge wurde der größte der drei Burgtürme abgetragen, während die anderen Gebäude und der umliegende Besitz über einen längeren Zeitraum wieder hergerichtet wurden. Um 1800 wurde die Burg zu einer ländlichen Residenz im Stil des Spätbarocks ausgestaltet. An die Stelle der ursprünglichen Burgkapelle trat die 1780 fertiggestellte reformierte Pfarrkirche im Stil des Rokokos. Sie erhielt eine halbrunde Apsis mit hohem Sockelgeschoss, eine aufwändige Kanzel mit Schnitzereien und einen Glockenturm, dessen Spitze eine kupferne Sonne ziert.

Den Freiherren von Wylich folgten ab 1831 durch Heirat die Grafen zu Stolberg-Wernigerode. Am 21. Dezember 1928 wütete ein Großbrand. Während das Schloss bis auf die Grundmauern abbrannte, konnte ein Teil des wertvollen Inventars und der Schlossbibliothek gerettet werden. Drei Feuerwehrmänner verloren im Kampf gegen das Feuer ihr Leben. Die Ruine wurde abgerissen. Bis 1931 wurde auf dem Grundriss ein stark vereinfachtes neues Gebäude mit hohem Dach, jedoch verkleinertem Haupthaus und nur noch einem Turm errichtet. Im Zuge der Kämpfe um den Rheinübergang 1945 brannte das Schloss erneut. Die Turmhaube und das Hauptdach wurden zerstört. In der Folge wurde das Schloss zunächst als Quartier des britischen Kommandanten und später als Klinik genutzt.

1996/97 erwarb Familie Beichert die Schlossanlagen mit 135.000 Quadratmetern Ländereien. Nach umfangreichen Renovierungs- und Restaurierungsarbeiten, die auch den Kreuzgewölbekeller mit einschließen, erstrahlt das Schloss nun im Rahmen von Hochzeiten, Feierlichkeiten und Veranstaltungen in festlichem Glanz.

Heiraten im Schloss

Schlösser bilden den idealen Rahmen für Märchenhochzeiten und erfüllen daher schon durch ihr Ambiente die Träume vieler Brautpaare. Dennoch sind die Möglichkeiten für Menschen, die sich trauen wollen, vielfältig. Manche Schlösser oder Herrenhäuser, wie Neersen, Issum oder Voerde, beherbergen bereits von vornherein das Standesamt. In etlichen anderen herrschaftlichen Häusern werden freie oder standesamtliche Trauungen angeboten. An anderen Orten sind auch kirchliche Eheschließungen möglich, beispielsweise evangelische Trauungen in Hertefeld oder in der Gartroper Schlosskapelle. Noch mehr Möglichkeiten gibt es, was die Feierlichkeiten angeht. Eine Vielzahl von Häusern bieten privaten Feiern und damit auch Hochzeiten einen stilvollen Rahmen: mit herrschaftlichen Sälen, Freitreppen und Portalen, stimmungsvoll illuminierten Gewölbekellern oder Terrassen vor efeubewachsenen Mauern. Inszenierungen mit Pferd und Musik, ausgefallene Buffets, historische Kulissen und Parkanlagen für Fotoshootings, Hochzeitsnacht in einer schlosseigenen Hotelsuite, dekorative Pfauen, Tauben und Oldtimer oder eine Feuershow im Innenhof – der Fantasie sind kaum Grenzen gesetzt.

Anfahrt
Von der B8 den Schildern Richtung Diersfordt (Schlosskirche / Museum) folgen

Unterkunft / Gastronomie
Feiern und Übernachten im Schloss

Events
Tagungen, freie Trauungen, Sommerton-Festival Ende August, Frühmittelaltermarkt im September, Museum und Heimathaus Eiskeller

Kontakt
Schlosshotel Diersfordt
Am Schloss 3
46487 Wesel-Diersfordt
02859 909630
entree@schloss-diersfordt.de

→ **www.schloss-diersfordt.de**

Museum und Heimathaus Eiskeller
Am Schloss 1A
46487 Wesel-Diersfordt

→ **www.heimatverein-diersfordt.de**

Dorenburg – Historisches Schmuckstück im Freilichtmuseum

Erst auf den zweiten Blick wird deutlich, dass das Niederrheinische Freilichtmuseum in Grefrath nicht nur etliche alte Fachwerkhäuser, Katen und Höfe enthält, die an diesen Standort „umgesiedelt“ wurden, sondern auch eine waschechte Wasserburg, die vor Ort „gewachsen“ ist und zudem der unmittelbaren Umgebung ihren Namen verlieh: die Dorenburg.

Häufig wechselnde Eigentümer

1326 wurde die Dorenburg erstmals erwähnt. Die Rede war von einem Hof, der sich als geldrisches Lehen im Besitz der Familie von Pleis befand. Die Zweiflügelanlage gilt als typischer niederrheinischer Adelssitz aus der Zeit vor dem Dreißigjährigen Krieg. Maria von Pleis ehelichte Gottfried von Wachtendonk, so dass fortan die Herren von Wachtendonk über den Besitz herrschten. Spätestens 1600 befand sich die Burg allerdings im Besitz der Familie Spee, und in der Folge wechseln die Hausherren laufend: Namen wie von Eyll, Bernsau, Wilich, Bierens, Folleville, Schaesberg und Plettenberg (siehe Schloss Ringenberg) sind mit dem Schicksal der Wasserburg verbunden.

Um 1630 erfolgte der Umbau in einen barocken Herrensitz. Aus jener Zeit stammt der Nordflügel, der zunächst ein Walmdach erhielt. Um 1800 ging das Anwesen in bäuerlichen Besitz über. Während des Zweiten Weltkriegs wurde der Nordflügel 1941 stark zerstört. Beim Wiederaufbau erhielt er einen geschweiften Giebel, wie er am Ostflügel bereits vorhanden war.

Das Freilichtmuseum

Im Jahr 1970 wurde die Anlage vom Kreis Viersen übernommen. 1973 begann eine museale Nutzung, aus der sich das heutige Freilichtmuseum entwickelte. Die Dorenburg präsentiert sich nun dem Betrachter – umgeben von „niedrigeren“ historischen Bauten des Freilichtmuseums – in Form eines L-förmigen weiß verputzten zweigeschossigen Backsteinbaus mit geschweiften Giebeln auf einer Insel. Im Erdgeschoss befinden sich Ausstellungsstücke, die Aufschluss über die Wohnkultur der Bürger und des Adels am Niederrhein geben. Das Obergeschoss bietet Platz für volkskundliche und regionale Sonderausstellungen.

In der Nachbarschaft befinden sich Hofstellen, Objekte bäuerlichen Lebens und landwirtschaftlicher Arbeit, alte Handwerksbetriebe, eine alte Poststelle, ein Tante-Emma-Laden und ein Spielzeugmuseum – eine Zeitreise, eingebettet in niederrheinische Landschaft und begleitet von Hühnern, Gänsen, Bienen, Kaltblutpferden und Eseln.

Die Herren von Wachtendonk

Durch Heirat gelangte die Dorenburg früh in die Hände der Herren von Wachtendonk – einer Familie, die bereits 1196 urkundlich genannt wurde. Die eigenständige Herrlichkeit der Herren von Wachtendonk wurde 1407 durch Herzog Reinald von Geldern gewaltsam beendet. Von der 1326 erstmals erwähnten Stammburg der Familie direkt an der Niers am südlichen Ortsrand von Wachtendonk sind nur noch Grundmauern vorhanden, die baulich gesichert und durch Aufmauern kenntlich gemacht wurden. Die Ruine ist frei zugänglich und erzählt eine spannende Geschichte: Burg und Festung galten im 16. und 17. Jahrhundert als militärisch wichtigster Ort im Geldrischen Oberquartier und befriedeten die Ostgrenze des Herzogtums. Die Form des Kernburgareals mit Ringmauer, Wehrgang und Treppenturm weist in das 14. Jahrhundert als Entstehungszeitraum. Der Stumpf eines Bergfrieds an der Südwestseite und der anschließende Wohnbau im Südosten bilden den ältesten Teil. Keramikfunde unter dem Bergfried stammen aus dem frühen 15. Jahrhundert. 1603 wurde das Bauwerk im niederländischen Befreiungskrieg so stark beschädigt, dass es abgerissen wurde.

Burg Uda

Nur wenige Kilometer südlich der Dorenburg befindet sich im Grefrather Ortsteil Oedt eine weitere frei zugängliche Ruine in Form eines einzelnen Burgturms. Die einstmals stattliche Burg Uda wurde um 1300 von Dietrich Luf III. von Kleve, Graf von Hülchrath, erbaut und diente ab 1349 dem Erzbistum Köln als Grenzfeste gegenüber den Herzogtümern Geldern und Jülich. Sie dürfte in manchen Kämpfen die Gegner der Dorenburger Hausherren beherbergt haben. Kämpfe und Schlachten im 15. und 16. Jahrhundert überstand die Landesburg ohne große Schäden. 1643 wurde sie von hessischen Truppen eingenommen und gebrandschatzt. Das restliche Mauerwerk wurde 1757 zu Straßenschotter verarbeitet, der beim Bau der Straße durch den Niersbruch nach Süchteln-Hagenbroich Verwendung fand. Der einzelne verbliebene Turm wurde restauriert und unter Denkmalschutz gestellt. An einigen Tagen im Jahr ist eine Besichtigung der Ausstellung mit Ausgrabungsfunden und geschichtlichen Details sowie eine Besteigung des Turms möglich. Die Grundmauern der ehemaligen Burganlage sind oberirdisch in Form einer niedrigen Mauer erkennbar. 2019 wurde der Premium-Spazierwanderweg „Niersauen-Runde“ eröffnet, der an der Burg Uda beginnt.

Anfahrt
In Grefrath Richtung Eissportzentrum fahren. Parkplatz am Freibad Dorenburg.

ÖPNV
Buslinien 019 + 062, Haltestelle „Eissportzentrum"

Unterkunft / Gastronomie
Pfannkuchenhaus „Pannekookenhuus" im Gebäude einer alten Poststelle, Kuchen u. a. im Tante-Emma-Laden

Events
Freilichtmuseum, Bügelbahn, Führungen, Kräuter- und Backseminare, Sonderausstellungen, Tausch- und Sammelbörsen, Ostereiersuche, Mittelaltermarkt, Weihnachtsmarkt, GartenLeben, Erntedankfest, Treckertreff, Themenabende, Abendführungen, Ferienprogramm, Museumspädagogik

Kontakt
Niederrheinisches Freilichtmuseum
Kreis Viersen
Am Freilichtmuseum 1
(Navi Stadionstraße 145)
47929 Grefrath
02158 91730
freilichtmuseum@kreis-viersen.de

→ **www.kreis-viersen.de**

Schloss Dyck – Barockes Zentrum für Gartenkunst und Landschaftskultur

Schloss Dyck als Inbegriff eines barocken Wasserschlosses erstreckt sich über vier Inseln in einer weitläufigen gepflegten Parkanlage und bietet eine prachtvolle Kulisse für Hochzeiten, Feiern, Tagungen, Kindergeburtstage, Übernachtungen, kulinarische Genüsse, Sonntagsspaziergänge, Müßiggang, Fotowalks und vielfältige Veranstaltungen. Vor 20 Jahren wurden hier sogar einige Folgen der Fernsehserie „Verbotene Liebe" gedreht.

Wie eine Insel

Die Geschichte des Schlosses ist so ausladend wie die Anlage und ihr Garten. Bereits im Jahr 1094 wird Hermannus de Dicco als Herr einer einfachen befestigten Anlage im Sumpfgebiet am Kelzenberger Bach urkundlich benannt. Der Nordostturm des Hauptschlosses enthält als ehemaliger „Donjon" in den beiden unteren Geschossen noch Substanz aus etwa dieser Zeit. Über 900 Jahre verblieb der stetig wachsende Besitz in den Händen der Familie zu Salm-Reifferscheidt-Dyck. Wie eine Insel lag die Burg zwischen den kurkölnischen, Jülicher und Geldrischen Machtzentren. Dennoch gelang es den Herren von Dyck, Macht und Einfluss auszubauen.

1349 war die Burg mit zwei Vorburgen befestigt. Ebenfalls im 14. Jahrhundert erhielt das Haupthaus durch Ausbauten seine heutige vierflügelige Form. Im Konflikt mit Kurköln, Jülich und Geldern wurde Gerhard von Dyck 1383 Raubrittertum vorgeworfen. Der Belagerung folgte die Zerstörung und ein Wiederaufbau. 1393 ging die Anlage über die weibliche Linie an die Herren von Reifferscheidt, die ab 1416 ebenfalls durch Erbschaft über die Grafschaft Salm herrschten.

Ein prachtvolles Schloss

1642 wurde die Burg im Dreißigjährigen Krieg zerstört. 1649 gelangte die Anlage in den Besitz von Graf Ernst Salentin von Salm-Reifferscheidt-Dyck, der umfangreiche Neu-, Aus- und Umbauten veranlasste. Einer neuen Scheune im Bereich der Vorburgen folgte 1653 die Erneuerung der Wachstuben, des Reitstalls und des Brauhauses. 1656–67 wurde auf der Basis der ursprünglichen Bausubstanz das prachtvolle Hochschloss im Stil des Barocks errichtet. Wie der Vorgängerbau bestand es aus vier Flügeln, flankiert von vorspringenden polygonalen Ecktürmen. Der im Osten gelegene Saalbau erhielt ein hohes Walmdach. Zudem wurden der Wirtschaftshof und die Reitbahn erneuert. 1769/70 wurde die malerische „Barockbrücke" erbaut.

Kaum volljährig geworden, ließ der Graf und spätere Fürst Joseph zu Salm-Reifferscheidt-Dyck 1793 eine Orangerie errichten und 1811 eine Esskastanien-Allee anpflanzen. Im Zeitraum zwischen 1819 und 1835 wurde durch den schottischen Gartenarchitekten Thomas Blaikie auf etwa 53 Hektar Fläche ein englischer Landschaftsgarten mit Waldwegen, Alleen, Wiesen, Hügeln und Wasserflächen angelegt. Bis heute finden sich seltene Gehölze und Pflanzen sowie außergewöhnliche Gartenkunst im Schlosspark, ergänzt durch Themenanlagen, einen Asia-Schaugarten sowie zum Gesamtkonzept passend eingebundene Spielbereiche für Kinder.

Zentrum für Gartenkunst und Landschaftskultur

Während des 19. Jahrhunderts wurden am Südflügel weitere Umbauten vorgenommen. Dieser Teil erlitt im Zweiten Weltkrieg durch eine Luftmine stärkere Schäden. In den 1960er-Jahren erfolgte eine umfassende Restaurierung des Schlosses und der Gartenanlagen. Ein Rhododendron- und Azaleengarten wurde angelegt.

Im Jahr 1999 ging die Anlage in die Hände einer Stiftung über und wurde damit zum Zentrum für Gartenkunst und Landschaftskultur. Aufarbeitung und Erweiterung der Parkanlagen anlässlich der Landesgartenschau 2002 und weitere Renovierungsarbeiten am Schloss bis 2003 sorgten für das prachtvolle Erscheinungsbild und die Aufnahme in die Straße der Gartenkunst. Gärten und Gebäude sind in vielfältiger Weise für Besucher von Nah und Fern erlebbar und bieten den passenden Rahmen für unterschiedlichste Veranstaltungen.

Englische Landschaftsgärten

Im 19. Jahrhundert wurden die meisten Schlossparks umgestaltet. Die bislang vorherrschenden französischen Barockgärten wiesen strenge geometrische Formen mit ornamentalen Rasenflächen, Wasserspielen, blühenden Rabatten und beschnittenen Buchsbäumen auf und waren mit Figuren der griechischen und römischen Mythologie dekoriert. Im Geiste der Aufklärung wurden diese Formen meist abgelöst durch englische Landschaftsgärten mit großzügigen Parkbereichen, die sich an der Natur orientierten und „Ausblicke" bieten sollten. Waldwege und Alleen wurden angelegt und seltene Gehölze angepflanzt. So entstanden beispielsweise eindrucksvolle Rhododendrongärten. Wasserflächen erhielten weich geschwungene Konturen. Der Untergrund wurde zu sanften Hügeln geformt. Aus der Ferne unsichtbare Wassergräben trennten die Parks von der umgebenden Landschaft. Häufig wurden ältere barocke Elemente in die Parkanlagen integriert. Die Anlage rund um das Wasserschloss Dyck ist ein Musterbeispiel für diese Umsetzung: So wurden die Barockbrücke, die bestehende Orangerie sowie der Insel- und Parterregarten harmonisch in die Parklandschaft integriert.

Anfahrt
A46 Ausfahrt 14 Kapellen, ab hier den Hinweisschildern folgen

ÖPNV
Buslinien 090, 870 – Haltestelle „Schloss Dyck"

Unterkunft / Gastronomie
Hotel im Schloss Dyck mit Restaurant, Café und Catering

Events
Schlosspark, Ausstellungen, Feiern und Tagungen, standesamtliche Trauungen, Besucherführungen, Kinderprogramme, Konzerte, vielfältige Märkte und Veranstaltungen bis hin zum Lichtfestival, Classic Days (Oldtimer), Familienfest, Picknick im Park und Schloss Dyck Lauf

Kontakt
Stiftung Schloss Dyck
Schloss Dyck (Navi: Dycker Straße)
41363 Jüchen
02182 8240
info@stiftung-schloss-dyck.de

www.stiftung-schloss-dyck.de

Burg Friedestrom – Im Herzen der mittelalterlichen Feste Zons

Nicht nur Mittelalterfans bleibt förmlich die Luft weg, wenn sie die verkehrsberuhigte Altstadt der Zollfeste Zons in unmittelbarer Nähe des Rheins betreten. Die eindrucksvolle Festungsanlage mit Stadtmauer, Türmen und Burg ist gut erhalten. Eine Vielzahl von imposant und detailverliebt verzierten Häusern und Gebäuden in den schmalen Gassen der Festung lassen den Besucher tief in alte Zeiten eintauchen.

Bereits die Römer hielten sich in diesem Gebiet auf. In der Nähe von Zons wurden bei Ausgrabungen ein römischer Friedhof und Reste eines Militärlagers gefunden. Eine Siedlung aus der Merowingerzeit ist ebenfalls bekannt, ebenso ein Fronhof des Kölner Erzbischofs im 12. Jahrhundert. Eine erste Burg wurde vermutlich Mitte des 13. Jahrhunderts durch Erzbischof Konrad von Hochstaden errichtet, den Grundherren von Zons, der mit dem Grafen von Jülich, der die Vogteirechte besaß, in ständiger Auseinandersetzung lebte. Nach der Schlacht von Worringen (1288), in der das Erzbistum unterlag, schleiften die siegreichen Kölner Bürger die Burg und verwendeten die Steine beim Bau der Kölner Stadtmauer.

Stadt und Festung

1372 wurde die Erhebung des Rheinzolls von Neuss nach Zons verlegt. Daraufhin erhielt Zons 1373 die Stadtrechte und entsprechende Privilegien. Im gleichen Jahr begann Erzbischof Friedrich III. von Saarwerden mit dem planmäßigen Bau einer Stadt mit rechteckigem Grundriss und 124 Hausplätzen sowie einer Festung als Zoll- und Landesburg direkt am Rhein. Den Kern dieser Festung bildete eine wehrhafte dreiflügelige Hauptburg mit Vorburg an der Stelle, an der seit Ende des 8. Jahrhunderts zunächst eine Holzkirche und im Anschluss drei steinerne Aus- und Neubauten romanischer Kirchen standen. Die Grundrisse sind im heutigen Innenhof der Burganlage im Pflaster erkennbar.

Die gotische Burg wurde aus Backstein, Säulenbasalt, Tuff und Trachyt erbaut. Sie nahm etwa ein Sechstel der Fläche der gesamten Zollfeste ein und nutzte im Süden und Osten die Stadtmauer, während sie im Norden und Westen mit einer Ringmauer umgeben wurde. Aus dieser Zeit ist der Torturm („Schlossturm") auf der Westseite erhalten, dessen Mauern bis zu 1,70 Meter dick sind. Bereits kurz darauf wurde eine weitere Zwingermauer errichtet und im Westen des Burghofes – dort, wo sich aktuell das Archiv in einem Neubau befindet – ein repräsentatives Wohngebäude für den Erzbischof unter Einbeziehung des alten Kirchturms erbaut. Ebenfalls aus der Bauzeit im ausgehenden 14. Jahrhundert stammt das Südtor der Festung als Eingang zur Vorburg. Der Juddeturm enthält ein elf Meter tiefes Verlies für Schwerverbrecher, trägt eine barocke Haube und war bis 1876 der höchste Stadtturm. Hier lassen sich, wie am Torturm, noch vier Pechnasen entdecken.

Brand, Pest und Hochwasser

Wie so viele Anlagen musste auch die Zollfeste Zons stürmische Zeiten überstehen. Auf drei Stadtbrände (1464, 1547 und 1620) folgte zwischen 1623 und 1666 ebenfalls dreimal die Pest. 1646 wurde Zons erfolglos durch hessische Truppen belagert, später jedoch von Soldaten Ludwigs XIV. eingenommen und ab 1689 durch brandenburgisch-niederländische Truppen besetzt. 1701 eroberte und verwüstete eine französische Armee die Festung. 83 Jahre später überflutete ein Rheinhochwasser die gesamte Stadt, ein weiteres verheerendes Hochwasser suchte sie 1882 heim.

Im 17. Jahrhundert entstanden zwar im nördlichen Bereich der Vorburg ein zweigeschossiges Herrenhaus und ein Knechthaus, aber die Burg hatte ihren Nutzungshöhepunkt überschritten. Der Westflügel und der ursprüngliche Wohnturm wurden zwischen 1650 und der Mitte des 18. Jahrhunderts abgerissen.

Ein kulturelles Zentrum

1802 ging die Anlage unter der Herrschaft der Franzosen in Privatbesitz über. Als sie 1972 vom Kreis Neuss übernommen wurde, war die Burg baufällig. Seit 1994 befindet sich auf dem Burggelände das Kulturzentrum des Rhein-Kreises Neuss mit dem Kreismuseum Zons sowie dem Kreisarchiv und dem Internationalen Mundartarchiv Ludwig Soumagne. Auf der Freilichtbühne im Zwinger finden jedes Jahr mehrere Wochen lang Märchenspiele statt. Veranstaltungen (nicht selten mittelalterlicher Art) wie der „Sturm auf Zons", der Ostereiermarkt, der Matthäusmarkt, die „Lebende Krippe" und der Nikolausmarkt finden in der historischen Zollfeste eine stimmungsvolle Kulisse.

Altstadt und Festung

Die Altstadt ist als Teil der ursprünglichen Festung nach wie vor ein historisch anmutendes Erlebnis: An der östlichen Stadtmauer (Richtung Rheinwiesen) sind zwei Türmchen erhalten: die sogenannten „Pfefferbüchsen". In einem dieser Türme wurden bis Anfang des 20. Jahrhunderts Gefangene festgehalten (hier sind auch Hochwassermarken angebracht). Außerdem liegen dort Häuser, die bereits nach dem letzten großen Stadtbrand 1620 errichtet wurden. Das alte Kopfsteinpflaster im Torbereich ist erhalten. Torbogen und die Torflügel aus Eiche stammen aus der Zeit vor dem Bau der Rheintorkapelle 1860. Der Rheinturm (Zoll- oder Petersturm) wurde 1388 erbaut und thront trutzig über dem nördlichen Rheintor. Im schneeweißen benachbarten Zollhaus aus dem Jahr 1760 lassen sich deutlich Basaltsteine erkennen, die vermutlich aus der Landesburg stammen. Die Mauerstraße auf der nördlichen Innenseite der Feste ist schmal und führt direkt an der Stadtmauer entlang zum Krötschenturm, in dem ebenfalls Gefangene gehalten und möglicherweise Pestkranke isoliert wurden. Im Südwesten der Altstadt steht die Zonser Windmühle, die bereits im 15. Jahrhundert als Rundturm Teil der Stadtbefestigung war. Nach einem Sturm 1909 war sie mehr als 50 Jahre lang bis zur Restaurierung ohne Flügel. Heute kann der neugierige Betrachter sie erkunden und besichtigen.

Anfahrt
A57 Abfahrt Dormagen, Schildern Richtung Zons folgen

ÖPNV
Bahnhof Dormagen oder Bahnhof Nievenheim, Bushaltestelle „Dormagen Schloßstraße"

Unterkunft / Gastronomie
im Ort

Events
Zahlreiche Veranstaltungen, Märchenspiele, Event-Gastronomie Schloss-Destille Zons, Kreismuseum Zons, internationales Mundartarchiv Ludwig Soumagne

Kontakt
Tourist Info Zons
Schlossstraße 2–4
41541 Dormagen (Zons)
02133 257-647

→ **www.dormagen.de**

Schloss Gartrop – Niederländischer Barock in den Lippeauen

Spaziert man auf dem Weg zum Schloss, kehrt Ruhe ein. Rechts und links liegen immer weniger Häuser und dafür immer mehr Landschaft in den Auen und Wäldern zwischen Lippe und Wesel-Datteln-Kanal. An einer alten Wassermühle, die auf das 15. Jahrhundert zurückgeht, überqueren wir die erste Brücke. Dann das feudale Tor mit zwei flankierenden Gartenhäusern aus der Zeit um 1720 – stilvoller Eingang in eine hochherrschaftliche Welt. Ein Laubengang mit Lichterglanz. Pfau und Oldtimer dekorieren wie selbstverständlich und unverrückbar den Platz vor dem Schloss. Auf der Gräfte schwimmt, wie von einem Maler hingetupft, ein Schwan. Das zweigeschossige Herrenhaus grüßt hell leuchtend im Stil des niederländischen Barocks. Eine siebenstufige Freitreppe führt zum Portal aus Sandstein, dem zwei Halbsäulen mit Obelisken zur Seite stehen. Über dem Familienwappen erhebt sich ein Uhrenturm mit einer geschweiften Haube mit offener Laterne. Rechterhand setzt sich das Ensemble mit Schlosskapelle, Vorburg und Parkanlagen fort.

Könige und Kaiser

1337 wurde Schloss Gartrop erstmals urkundlich erwähnt, und zwar als Sitz des Hendric de Gardapen, dessen Familie bereits im 13. Jahrhundert bei Hünxe und Götterswick ansässig war. Der Name „Gartrop" geht auf dieses Rittergeschlecht zurück. Für das Jahr 1375 ist belegt, dass sich hier ein „Burghaus" befand. Teile dieses ursprünglichen Baus befinden sich heute noch im Nordflügel des Herrenhauses, bei dem es sich in Wirklichkeit um eine vierflügelige Anlage mit einem überdachten Innenhof handelt. Um 1400 ging Gartrop durch Eheschließung an die Herren von Hüchtenbruck über. Die Familie gewann an Einfluss und Macht in den Diensten der Herzöge von Kleve, der brandenburgischen Kurfürsten und schließlich der preußischen Könige. Ab 1646 übten die Herren von Gartrop die Gerichtsbarkeit aus über Gartrop, Bühl, Heeren und Gahlen. 1704 weilte König Friedrich I. von Preußen auf Schloss Gartrop. Die von Hüchtenbrucks liehen ihm Geld, um Schloss Moyland zu erwerben. Ihm folgte knapp 200 Jahre später Kaiser Wilhelm II., der anlässlich der Einweihung des Willibrordi-Doms sein Haupt auf ein Daunenkissen im Schloss Gartrop bettete. Zu diesem Anlass wurde die „Kaisereiche" an der Zufahrt zum Schloss gepflanzt.

Prachtvoller Wiederaufbau

1650 wütete ein Feuer im Schloss. Die Schäden waren so groß, dass in der Folge weite Teile der Anlage neu und weitaus prächtiger wieder aufgebaut wurden. Albert Gisbert von Hüchtenbruck plante einen Bau im Stil des Barocks mit niederländischen Architekten, doch der Baubeginn erfolgte erst im Jahr seines Todes. Sein Sohn Gisbert Wilhelm verstarb ebenfalls im Verlauf der Bauphase. 1675 wurden die Arbeiten unter dessen Bruder Albert Georg vollendet – davon kündet die Jahreszahl über dem Portal. Das Herrenhaus erhielt sein heutiges Gesicht als Vierflügelanlage mit Salons in der Beletage, einem großen Festsaal mit einer (erhaltenen) barocken Stuckdecke und großzügigen Räumlichkeiten im Obergeschoss. Selbst die Küche und die Wirtschaftsräume im Keller wurden erneuert.

Für die reformierte Patronatsgemeinde der Ortschaft – gegründet von den Herren von Gartrop – wurde zwischen Herrenhaus und Vorburg im Jahr 1698 eine Kapelle errichtet. Sein heutiges neugotisches Gesicht erhielt dieses Gebäude im Jahr 1836, als es nach dem Vorbild der portugiesischen Klosterkirche St. Bathalia mit gotischen und maurischen Stilelementen umgestaltet wurde.

Zu diesem Zeitpunkt wurde auch die Vorburg verändert: Der Wassergraben wurde verfüllt und die Vorburg nach Norden erweitert, während die südlichen Teile abgerissen wurden. Maximilian Friedrich Weyhe (siehe auch Greiffenhorst, Linn, Moers und Neersen) gestaltete das Gelände zu einem englischen Landschaftspark, in den das angrenzende Waldstück mit einbezogen wurde. Ihr endgültiges Gesicht erhielten Vorburg und Remise erst im Jahr 1899 nach einer weiteren Vergrößerung.

Eine neue Ära

1716 folgte mangels männlicher Nachkommen Wilhelm Albrecht Freiherr von Quadt zu Wickrath seinem Großvater Georg von Hüchtenbruck nach. Sein Wappen vereinigte den Löwen der Familie von Quadt mit dem Einhorn der Herren von Hüchtenbruck. Athene und Concordia zierten ab 1720 die neu erbauten Torhäuser.

1765 wurde Karl Wilhelm von Quadt Erbmarschall. Kurz darauf wurde er in den Grafenstand erhoben. Von seiner Ernennung in Berlin kehrt er mit Chinatapeten aus der Manufaktur Joel zurück, die auch den Teepavillon Friedrichs des Großen ausgestattet hatte. Diese Tapeten wurden 2005 bei Restaurierungsarbeiten entdeckt und sind nun wieder zur besichtigen. Nachdem die Familie von Quadt 1805 im Mannesstamm ausstarb, übernahm nach einer Eheschließung mit der Erbtochter die Familie von Nagell den Besitz. Sie nutzten das Schloss als Ort des Lebens, des Feierns und der Festessen, bis es zum Ende des Zweiten Weltkrieges als Lazarett und schließlich als Quartier der amerikanischen Truppen diente.

Bürgerliche Eigentümer

1993 gelangte das Schloss erstmals in bürgerliche Hände. Nach mehreren Besitzerwechseln und umfangreichen Restaurierungsarbeiten wird Schloss Gartrop heute als Hotel mit Gastronomie und als stilvoller Rahmen für Hochzeiten und Feierlichkeiten genutzt. In der Kapelle finden Trauungen und Taufen statt. Zudem werden an jedem ersten Donnerstag im Monat Schlossführungen mit Sektempfang und Menü angeboten.

Spaziergängern bietet sich bei einem Rundgang durch die Auenlandschaft zwischen Lippe und Wesel-Datteln-Kanal ein schöner Blick über die Gräfte auf die Westseite des Schlosses.

Anfahrt
A3 Ausfahrt 7 Hünxe, ca. 5 km Richtung Gahlen

ÖPNV
Buslinien 71 + BHX, Haltestelle „Hünxe Gartrop Schloss"

Übernachtung / Gastronomie
Schlosshotel und Gastronomie

Events
Schlossführungen (nach Voranmeldung), Hochzeiten, Taufen, private Feiern, Seminare und Tagungen

Kontakt
Schlosshotel Gartrop
Schlossallee 4
46569 Hünxe (Gartrop-Bühl)
Tel. 02858 917570
rezeption@schlosshotel-gartrop.de

→ **www.schlosshotel-gartrop.de**

Haus Greiffenhorst – Klassizistisches Schlösschen im Park

Inmitten eines idyllischen Parks entlang des Linner Mühlenbachs, nur etwa einen Kilometer von Burg Linn entfernt, thront das Schlösschen Greiffenhorst, dessen Geschichte so ganz anders ist.

Landschaftsgarten und Schloss

Der Krefelder Seidenfabrikant Cornelius de Greiff gelangte 1826 durch Erbschaft in den Besitz des Linner Mühlenhofs, des Hausenhofs und ausgedehnter Ländereien. Er war fast 60 Jahre alt, als er dem Düsseldorfer Hofgärtner Maximilian Friedrich Weyhe (siehe auch Gartrop, Linn, Moers und Neersen) den Auftrag erteilte, zwischen beiden Anwesen einen Landschaftsgarten im klassischen englischen Stil anzulegen. Der Linner Mühlenbach wurde in dem 80 bis 90 Meter breiten Wiesenstreifen zu einem Weiher umgeformt und mehrfach mit Brücken überwunden. Geschwungene Wege, Baum- und Buschgruppen wurden als Gestaltungsmittel eingesetzt. Als Blickfang (Point de vue) ließ er in der Mitte des Parks ein Schlösschen im Stil des Berliner Klassizismus errichten.

Das kleine, vermutlich nach Plänen des Düsseldorfer Landbauinspektors Otto von Gloeden errichtete Jagd- und Gartenschloss besitzt einen oktagonalen Grundriss, der sich über drei Etagen fortsetzt. An vier Seiten schließen sich zweigeschossige Flügel mit quadratischem Grundriss an, die aus der Luft betrachtet eine Kreuzform ergeben. Auf den Dächern der Flügel befinden sich Dachterrassen, die im Obergeschoss entlang des Zentralbaus über schmale Balkone auf Konsolgesimsen mit schmiedeeisernen Brüstungsgittern miteinander verbunden sind. Über dem Mittelteil befindet sich eine weitere, ähnlich ausgeschmückte Aussichtsplattform im Stil eines Turmbelvederes.

Ein Schloss ohne Schlossherrn

De Greiff entstammte einer wohlhabenden mennonitischen Krefelder Seidenhändlerfamilie und hatte sich bisher nicht als Wohltäter der Gemeinde hervorgetan. Die Menschen unterstellten dem als Sonderling und Geizkragen bekannten Junggesellen beim Bau des Schlösschens Prunksucht und Angeberei. Bis zur Fertigstellung im Jahr 1843 kostete der Bau 20.000 Taler. De Greiff war kaum zufrieden zu stellen und stritt fortlaufend mit dem Bauführer L. Jürges darüber, dass die Ausführung nicht ordentlich genug sei. Häufig ging es um die Frage, wie bauliche Solidität mit formeller Schönheit vereinbar sei. De Greiff verlor bereits kurz vor der Fertigstellung das Interesse an dem Haus. Es wurde nie vollständig eingerichtet und diente hauptsächlich als Gärtnerwohnung.

Nach seinem Tod aber bedachte Cornelius de Greiff die Stadt mit einer enormen Geldsumme, weswegen er als Wohltäter und Stifter geehrt wird. 1865 wurde ihm ein Denkmal errichtet. Die De-Greiff-Säule auf dem Ostwall wurde 1943 bei einem Bombenangriff zerstört, nachdem die zum Denkmal gehörenden Bronzefiguren bereits zuvor eingeschmolzen worden waren, um daraus Metall zu gewinnen.

Städtische Nutzung

1924 ging Haus Greiffenhorst in den Besitz der Stadt Krefeld über und wurde zunächst verpachtet und als Café genutzt. Während des Zweiten Weltkrieges wurden lediglich die Fenster infolge einer Detonation in der Nähe zerstört. Allerdings wurde zum Kriegsende und in der Nachkriegszeit alles brennbare Material aus dem Haus entwendet. 1971 bis 1974 erfolgten Restaurierungsmaßnahmen. Seitdem finden in Haus Greiffenstein Ausstellungen, Lesungen, Vorträge und Konzerte, Empfänge und Tagungen statt. Auch Privatleute, Vereine und Firmen können die Räumlichkeiten mieten. 2010 wurde das Gebäude restauriert. Das längere Zeit rosa gestrichene Haus erhielt seine historische Farbe. Zudem wurden das Dach und die Fenster saniert.

Im Zuge der dezentralen Landesgartenschau Euroga 2002 plus wurde der Greiffenhorstpark als Gartendenkmal weitgehend in den historischen Zustand versetzt. Dabei stellte sich heraus, dass sich in den Gewässern des Parks Nordrhein-Westfalens größte bisher bekannte Kammmolch-Population befindet. 2004/2005 wurde der Park in die Straße der Gartenkunst zwischen Rhein und Maas aufgenommen.

Maximilian Friedrich Weyhe

Unzählige Gartenanlagen am Niederrhein tragen die Handschrift des Gartenarchitekten und Düsseldorfer Hofgärtners Maximilian Friedrich Weyhe. Neben dem Greiffenhorstpark gestaltete der Sprössling einer Gartenbaudynastie auch die Parkanlagen der Schlösser Gartrop, Linn, Moers und Neersen. In Kleve legte er in der Nähe des Barockgartens am Amphitheater den Forstgarten mit seltenen Gehölzen an, in dem sich heute noch vortrefflich wandeln lässt. Die Stadt Düsseldorf ist durchzogen von Grünanlagen seiner Prägung; allen voran ist hier der kurfürstliche Hofgarten zu nennen. Insgesamt gestaltete Weyhe über 100 Parks und Gärten. Obwohl seine Anlagen dem englischen Stil zugerechnet werden, fand er doch seinen eigenen Weg, in dem formale und landschaftliche Elemente harmonisch aufeinander abgestimmt sind.

Anfahrt
A57 Ausfahrt 13 Krefeld-Zentrum Richtung Linn fahren. Ab Burg Linn der Hafenstraße noch 1,3 km in östlicher Richtung folgen.

Gastronomie
in Krefeld-Linn

Events
öffentlich zugänglicher Park, Veranstaltungen

Kontakt
Haus Greiffenhorst
Greiffenhorst 1
47809 Krefeld-Linn
Kulturbüro Krefeld:
02151 583615

www.krefeld.de

Schloss Hertefeld – Bewohnbare Schlossruine am Tierpark

Seit 23 Generationen (mehr als 700 Jahre) befindet sich Schloss Hertefeld im Besitz der Familie zu Eulenburg und Hertefeld, bei denen es sich ursprünglich um zwei Familien handelte. Der Rittersitz Haus Hertefeld wurde 1322 erstmals erwähnt, „Theodoricus de Hertevelde" wird jedoch bereits in einer Urkunde aus dem Jahr 1179 benannt. Weeze selbst ist bereits seit der Alt-/Mittelsteinzeit besiedelt. Römer und Franken hinterließen deutliche Spuren. Ein erster urkundlicher Nachweis einer mittelalterlichen Hofanlage auf Weezer Gebiet stammt aus dem Jahr 855, die erste Nennung des Ortsnamens in einem Dokument erfolgte 1226. Das Geschlecht derer zu Hertefeld mag also einige frühere Namensträger hervorgebracht haben, und dem Gebäude könnten andere vorangegangen sein. Darauf weisen archäologische Funde hin, die eine Nutzung des Standortes seit dem 13. Jahrhundert belegen. Ein Vorgängerbau wird auf das 14. Jahrhundert datiert. Ab 1600 fanden stetig Umbau- und Renovierungsmaßnahmen statt, die größte und drastischste jedoch 1998 bis 2006.

Ein heimlicher Treffpunkt

Nachdem 1322 zunächst sämtliche Ländereien des Rittersitzes in den Besitz des Grafen Dietrich VII. von Kleve übergingen, folgte das Herrenhaus erst drei Jahre später. Die Familie von Hertefeld erhielt es als Klevisches Lehen zurück. 1349 geriet es für neun Jahre in den Besitz der Ritter Loef van Hulhusen und Rikart van Kalkar, um dann an die Familie zurückzugehen, die im 14. Jahrhundert zudem die niedere Gerichtsbarkeit über die Gemeindemitglieder von St. Cyriakus in Weeze ausübte. 1485 wurde das Erbe Stephans IV. unter beiden Söhnen aufgeteilt. Der Jüngere, Heinrich, erhielt Haus Hertefeld.

Im 16. Jahrhundert wechselte die Familie als eines der ersten niederrheinischen Adelsgeschlechter zum reformierten Glauben. Das Haus wurde zum heimlichen Treffpunkt der Protestanten, die unter dem Schutz der Familie von Hertefeld standen. Noch heute gibt es einen besonderen Bezug zur evangelischen Kirchengemeinde. So sind evangelische Trauungen vor Ort ebenso möglich wie standesamtliche Eheschließungen.

Um 1600 erhielt das alte Gebäude einen Torturm mit Miniaturschlüsselscharten; 1700 wurde es zu einem Barockschloss mit französischem Garten ausgebaut. Das Haus wurde um zwei mit Walmdächern versehene Seitenflügel ergänzt und der dreistöckige Turm mit einer barocken Haube versehen.

Höhen und Tiefen

Obwohl sich das Haus fast kontinuierlich im Besitz der Familie Hertefeld befand, verlief dies nicht ohne Höhen und Tiefen. 1637 verpfändete Elbert von und zu Hertefeld seinen Besitz an seinen Stiefbruder. Als beide kinderlos verstarben, kaufte Jobst Gerhard von Hertefeld zum Kolk, ein Nachfahr des älteren Sohns Stephans IV., Haus Hertefeld. Dieser sehr wohlhabende und angesehene Zweig der Familie besaß bereits Haus Kolk in Uedem, Burg Boetzelaer sowie Rittersitze in Hönnepel, Kervenheim und Zelhem und baute gute Beziehungen zum brandenburgischen Kurfürsten Friedrich Wilhelm aus. Dies führte dazu, dass Preußenkönig Friedrich I. auf Reisen häufiger auf Hertefeld übernachtete und die Herren von Hertefeld zudem in den Freiherrenstand erhoben wurden. Auch Zar Alexander I. bettete sein prominentes Haupt einst auf ein Hertefelder Kissen. Zudem gelangte die Familie in den Besitz umfangreicher Ländereien in Brandenburg und Ostpreußen und verlagerte den Lebensmittelpunkt nach Liebenberg in der Mark Brandenburg.

Während der französischen Besetzung Anfang des 19. Jahrhunderts verweigerten die Hertefelds als Protestanten die Kollaboration. Als es 1867 erneut an männlichen Nachkommen mangelte, erbte die Großnichte des verstorbenen Karl von und zu Hertefeld die Besitzungen, die wiederum mit dem Grafen zu Eulenburg verheiratet war. Ihr Sohn Philipp wurde von Kaiser Wilhelm II. 1900 in den Fürstenstand erhoben, erhielt zudem vom schwedischen König einen Grafentitel und trug fortan den Namen „Fürst zu Eulenburg und Hertefeld, Graf von Sandels".

Instandsetzung und Schlossevents

Im Februar 1945 wurde das Schloss durch deutsche Truppen fast vollständig zerstört. Zudem musste die Familie nach dem Krieg im Zuge der Bodenreform Schloss Liebenberg aufgeben und kehrte nach Hertefeld zurück. Zunächst wurde die Rentei wieder aufgebaut und über den verlandeten Wassergräben ein englischer Landschaftspark mit um 90° gedrehter Sichtachse angelegt, in den der ursprüngliche französische Garten integriert wurde.

Als sich in der Ruine des Haupthauses in den 1990er-Jahren plötzlich ein langer Riss bildete, wurde sie zunächst gesichert und im Inneren Rasen gesät, so dass sie problemlos betreten werden konnte. Nachdem mehr und mehr Besucher gerne im Schloss übernachten oder feiern wollten und sich für die Geschichte des Hauses und die heimischen Schlossgespenster interessierten, wurden zunächst archäologische Untersuchungen durchgeführt und schließlich Mitteltrakt und Turm nach historischem Vorbild neu aufgebaut.

Heute präsentiert sich das Gelände mit der teilweise wieder errichteten Schlossruine, der Rentei, zwei Wächterhäusern und einem 50.000 Quadratmeter großen Schlosspark mit englischen und französischen Elementen und einem zentralen Rosengarten. Es bietet die Möglichkeit, in verschiedenen Räumlichkeiten des Schlosshotels zu übernachten, zu heiraten, zu feiern oder Tagungen abzuhalten. Dies schließt fantasievolle Arrangements für Kinder und Hunde mit ein. Ebenfalls Teil der Anlage und unmittelbar vorgelagert sind der frei zugängliche Weezer Tierpark und der ehemalige Wirtschaftshof, der seiner Verwendung als „Uhu-Lodge" und Tierpark-Café entgegensieht.

Anfahrt
A57 Ausfahrt Goch/Weeze Richtung Weeze

ÖPNV
Weeze Bahnhof, ca. 1,5 km Fußweg

Übernachtung/Gastronomie
Schlosshotel (siehe unten)

Events
Heiraten und Feiern im Schloss, frei zugänglicher Tierpark Weeze in unmittelbarer Nachbarschaft

Kontakt
Hotel Schloss Hertefeld
Hertefeld 1–6
47652 Weeze
02837/2035
schloss@hertefeld.com

→ **www.hertefeld.com**

Schloss Hülchrath – Mittelalterliche Trutzburg vor den Toren des Dorfes

Mittelalterliche Idylle vor den Toren der Ortschaft Hülchrath – das ist die erste Impression, die der neugierige Betrachter beim Blick auf die Vorburg erhält. Weidende Pferde, alte Mauern, ein prägnantes Torhaus mit einer markanten steinernen Brücke über den Burggraben. Die Burg selbst ist in Privatbesitz und nur in Ausnahmefällen zugänglich, und doch ist sie allgegenwärtig und strahlt Geschichte und Würde aus. Zudem kann man sich hier trauen – im wahrsten Sinne des Wortes. Standesamtliche Trauungen sind sowohl im Schloss als auch draußen möglich, ebenso wie private Feiern in den historischen Mauern.

Eine stattliche Burg

Die Geschichte der Burg beginnt um 900. In unmittelbarer Nähe von Erft und Gillbach gründete sich in der sumpfigen Niederung eine Siedlung, die von einer Palisade umgeben war. Um das Jahr 1000 entstand eine Burgmotte, ein Hügel mit einem hölzernen Wach- und Zufluchtsturm. Bei ihrer ersten Erwähnung 1120 wird die Burg als sehr alt und wehrhaft beschrieben. Die Grundmauern eines etwa zu dieser Zeit errichteten steinernen Rundturms aus Basaltblöcken mit einem Durchmesser von 8,5 Metern sind heute noch im Innenhof erkennbar.

Die Herren der aus dem frühmittelalterlichen Gillgau hervorgegangenen Grafschaft Hülchrath wechselten bereits früh. 1175 ging der Besitz in die Hände der Grafen von Sayn über, 1247 wurden die Grafen von Sponheim Herren von Hülchrath. Aleidis von Sponheim ehelichte 1255 den späteren Grafen Dietrich V. von Kleve. 1314 wurde – bedingt durch Schulden in der Folge der Schlacht von Worringen – die inzwischen stattlich herangewachsene Burg für 30.000 Pfund Silber an den Kölner Erzbischof Heinrich von Virneburg verkauft.

Bereits in der staufischen Zeit von 1200 bis 1255 war auf dem Burggelände ein mächtiger Mauerring aus Basalt, Liedberger Sandstein und Tuff entstanden. Drei halbrunde Schalentürme, eine nördliche Schildmauer, Palas, Bergfried und Torturm bildeten ein machtvolles Bollwerk gegen Feinde. Trotz zahlreicher Umbauten, Veränderungen, Verfall und Zerstörung sind die äußeren Schießscharten für die Bogenschützen erkennbar. 1349 und 1362 wurden der Mauerring und der gotische Torturm aufgestockt. Die Vorburg erhielt ein seitliches Tor aus Ziegeln ebenso wie zwei Rundtürme mit Pyramidendächern. Zwischen den Kragsteinen des mächtigen quadratischen Torturms der Hochburg unterhalb eines Rundbogenfrieses befinden sich Grabsteine der 1349 während der „Kölner Unruhen" aus Köln vertriebenen jüdischen Gemeinde. Die Inschriften sind deutlich zu erkennen.

Da auf der Burg als Amtssitz Gericht gehalten wurde, wurden zwischen 1590 und 1630 Hexenprozesse abgehalten. Die Hinrichtungen fanden drei Kilometer entfernt an den „Specker Stöcken" statt. Als kurkölnische Landesburg diente Burg Hülchrath bis 1794 als Verwaltungssitz der Kölner Erzbischöfe.

Zerstörung

Die Burg blieb nicht von Krieg und Belagerung verschont: 1583 belagerten und eroberten habsburgische und spanische Truppen in Folge des Truchsessischen Krieges (siehe Schloss Moers) die Burg unter Kanonenbeschuss. Die Ortschaft Hülchrath wurde zerstört und 1609 durch Erzbischof Ferdinand von Bayern aus dem Hause Wittelsbach östlich des Schlosses an heutiger Stelle neu errichtet. Das heute die Vorburg dominierende Torgebäude mit achtfach getrepptem Giebel wurde ebenfalls im 17. Jahrhundert errichtet. Die 50 Meter lange Brücke verband Vorburg und Ort. Die Hochburg erhielt im Hof eine doppelgeschossige offene Arkade mit seitlichem Sternbeobachtungsturm. Der Palas wurde im Stil der italienischen Spätrenaissance verziert. Ein dicker wehrhafter Rundturm sicherte das Gelände nach Süden weiter ab.

Abriss und Erweiterung

1642 folgte eine weitere Belagerung durch hessisch-französische Truppen. Nach einem Monat gelang es ihnen, über einen geheimen Gang in die Burg einzudringen. 1687 führte der französisch-niederländische Krieg erneut zu einer Eroberung. Diese Ereignisse und eine Vernachlässigung der Instandhaltung führten bis 1794 zum Verfall der Anlage. 1803 konnte im Zuge der Säkularisierung der letzte kurkölnische Amtmann, Freiherr von Pröpper, die Burg erwerben. Während die Vorburg bewohnt wurde, wurden große Teile der Hochburg abgerissen. Nach einem Intermezzo der Fürsten von Salm-Reifferscheidt-Dyck als Besitzer Ende des 19. Jahrhunderts und mehreren weiteren Eigentümern wurde das Anwesen 1907 durch den Grafen Erno von Bennigsen um einige Gebäude im Innenhof der Hochburg ergänzt. Zudem wurden Teile der Ruine wieder aufgebaut. Der Name „Schloss Hülchrath" bürgerte sich ein.

Der Graf blieb nicht lange im Besitz der Burg. Zur Zeit des Nationalsozialismus wurde sie von zahlreichen Organisationen und Einsatzkommandos bevölkert. Nach dem Zweiten Weltkrieg fanden Flüchtlinge aus dem Osten im Schloss eine vorübergehende Heimat.

Wieder in Familienbesitz

1957 erwarb der Vater des heutigen Eigentümers Theo Wennmacher das Anwesen. Die Burg bietet seiner Familie bis heute ein Zuhause. Über einen Cateringservice sind maßgeschneiderte Feierlichkeiten in der mittelalterlichen Burganlage buchbar. Die Vorburg ist an mehrere Parteien vermietet. Auf der Burg scheint die benachbarte Ortschaft fern – doch es sind nur ein paar Schritte bis in den historischen Ortskern, in dem sich eine neuromanische Basilika, eine ehemalige Synagoge und alte Fachwerkhäuser bewundern lassen.

Das Hochschloss mit seinen Türmen, die Vorburg, ihre Brücke und das Dorf selbst bilden ein beeindruckendes Ensemble.

Anfahrt
A46 Abfahrt Kapellen

ÖPNV
Buslinien 865+877, Haltestelle
Grevenbroich Sebastianusplatz

Gastronomie
Restaurants und Cafés im Ort

Events
Standesamtliche Trauungen,
Feiern im Schloss

Kontakt
Schloss Hülchrath
41516 Grevenbroich
www.schloss-huelchrath.de

→ **www.schloss-huelchrath.de**
→ **www.schloss-stadt-huelchrath.de**

Burg Ingenhoven – Speisen und Feiern im grünen Herzen von Lobberich

Im Zentrum von Nettetal-Lobberich liegt inmitten von Grünanlagen Burg Ingenhoven, ein alter Rittersitz, in dem es sich in historischem Ambiente bis ins Burggewölbe hinein feiern und speisen lässt. Vor der Terrasse laden ein paar Spielgeräte Kinder zum Verweilen ein, und der Blick gleitet darüber hinweg auf einen Teich mit zwei Fontänen. Ein frei zugänglicher Park mit alten Bäumen umgibt das Haus.

Die Ortschaft Lobberich wurde 988 urkundlich erwähnt. In einem Streit um das Kloster St. Vitus in Gladbach wurde ein Gebietstausch vereinbart. Im Zuge dieser Übereinkunft erlangte Bischof Notker von Lüttich die Gebiete Tegelen, Lobberich und Venlo. Für das Jahr 1221 ist verbrieft, dass die Prämonstratenserabtei Knechtsteden die Patronatsrechte und den halben Zehnten in Lobberich erhielt. Damit stellte sie bis zur französischen Revolution den Pfarrer des Ortes, und die hochdeutsche Sprache hielt hier deutlich früher Einzug als in den umliegenden Gebieten.

Wie ein Gruß aus alten Zeiten

1326 wird ein Hof zu Lobberich im geldrischen Lehensregister geführt. Burg Ingenhoven selbst geht mindestens auf das Jahr 1403 zurück. Zu diesem Zeitpunkt wurde sie erstmals als Dienstmannslehen der Familie Bocholtz in einem geldrischen Lehensregister aufgeführt. Das Adelsgeschlecht Bocholtz, Lehensmänner des Grafen von Geldern, teilte sich in zwei Stämme, von denen einer auf Burg Bocholtz, der andere im Haus Ingenhoven residierte. Dieser Linie entstammten weltliche und geistliche Würdenträger wie Reiner von Bocholtz zu Ingenhoven, 1555–1585 Fürstabt im reichsfreien Kloster Corvey.

Die Jahreszahl 1544 im Innenhof deutet darauf hin, dass die Burg spätestens zu diesem Zeitpunkt ihre heutige Form erhielt: Wie ein Gruß aus alten Zeiten thront inmitten des Parks ein dreigeschossiges Herrenhaus aus Backstein mit Sandsteinwänden und Ankersplinten, hohem Walmdach und vier runden Türmen an den Ecken. Der vorgelagerte, niedrigere Gebäudeteil schließt einen Innenhof ein und besitzt ebenfalls zwei dicke runde Ecktürme. Die ehemalige Vorburg im Nordosten ist nicht mehr sichtbar; die Wassergräben sind nur noch teilweise erkennbar.

Während des Achtzigjährigen Krieges eroberten niederländische Truppen 1581 Burg Ingenhoven und nahmen den Burgherren Jelis von Bocholtz gefangen. Während des Dreißigjährigen Krieges wüteten sowohl hessische Truppen als auch die Pest in Lobberich. 1713 wurde Lobberich schließlich preußisch.

Fest in bürgerlicher Hand

Erbteilung führte 1748 dazu, dass Burg Ingenhoven in den Besitz der Familie Bentinck zu Limbricht gelangte. Nach mehreren Verkäufen ging sie 1820 erstmals in bürgerliche Hände über. Die Grafen von Mirbach übergaben sie als Erbpacht an Peter Dammer und dessen Schwiegersohn, Bürgermeister Johann Heinrich Kessels, bevor sie über Erbschaft und Heirat an die Industriellenfamilie Niedieck überging. 1866 wurden größere Umbauten am Haus durchgeführt. Auch der Park wurde neu gestaltet. Ein Teil des Geländes wurde innerhalb der Familie weiterveräußert und die Villa „Haus Erlenbruch" im südwestlichen Teil des Parks errichtet, die sich in Privatbesitz befindet. 1997 erwarb Familie Rosenwasser Burg Ingenhoven und eröffnete dort einen Gastronomiebetrieb.

Das Adelsgeschlecht Bocholtz

Knapp zwei Kilometer westlich, ebenfalls in Lobberich, liegt Burg Bocholt, der Stammsitz des Adelsgeschlechts, das so lange die Geschicke Burg Ingenhovens bestimmte. Die Lage an einer uralten Römer- und Heerstraße führte zu einer hohen strategischen Bedeutung der Anlage. Von der ehemaligen Hauptburg existiert nur noch eine Turmruine, doch Vorburg und Torhaus wurden restauriert und dienen heute als Event-Location. Die Burg wurde erstmals 1096 urkundlich erwähnt, der Name des Adelsgeschlechts 1242. Neben den Bewohnern der beiden Lobbericher Burgen bildeten sich bald Familienzweige in Waldniel, Lüttelforst, Busch und Ingenraedt. Dietrich von Bocholtz aus der Ingenhovener Linie gelangte durch Eheschließung an Besitztümer in Westfalen. Auch dieser Familienzweig dehnte Ländereien und Einfluss weiter aus. Die Stammburg – von Beginn an geldrisches Lehen und ab 1358 eine bedeutende Festung – wurde im Siebenjährigen Krieg (1756–1763) zerstört. 1905 stürzte der 21,5 Meter hohe „Kaiserturm" weitgehend ein. Seine Reste überragen nach wie vor wie ein ausgestreckter Zeigefinger Vorburg und Hofanlage.

Schloss Krickenbeck

Fünf Kilometer nördlich von Lobberich befindet sich eines der schönsten Schlösser des Niederrheins: Schloss Krickenbeck. Es fungiert jedoch als Seminarhaus und ist für die Öffentlichkeit nicht zugänglich. Schloss Krickenbeck diente den Grafen von Geldern als Landesburg und Verwaltungszentrum. Eine etwa zwei Kilometer entfernt liegende ursprüngliche Burg ist heute noch am linken Netteufer erkennbar. Die Burgmotte erstreckt sich als 1,40 Meter hohe Erhebung über ein etwa 180 x 110 Meter großes Areal auf einer Weide unweit der Leuther Mühle. Die „neue Burg" wurde Mitte des 13. Jahrhunderts errichtet. Das vielfach zerstörte, umgebaute und überformte Schloss wurde 1902 Opfer eines Großbrandes. Ab 1904 erfolgte der Wiederaufbau in der heutigen Form der Neo-Renaissance.

Anfahrt
A61 Ausfahrt Breyell

ÖPNV
Buslinien 064, 092, 093, 095, 096, SB87 – Haltestelle Lobberich Doerkesplatz

Gastronomie
Restaurant im Haus

Events
öffentlicher Park, Grillabende, Weinlese, Konzerte und Veranstaltungen mit Menü

Kontakt
Burg Ingenhoven
Burgstraße 10
41334 Nettetal-Lobberich
02153 912525
burg.ingenhoven@rosenwasser.de

→ **www.burg-ingenhoven.de**

Haus Issum – Trauzimmer, Heimatmuseum und Zaubergarten

Das Wasserschloss Haus Issum beherbergt in der ehemaligen Vorburg das Heimatmuseum His-Törchen und die Touristik-Information. Auf 145 m² wird eine Sammlung von Bildern, Gegenständen und Gerätschaften, die die Issumer Geschichte dokumentieren, sowie lokalhistorische Handwerkskunst und Wechselausstellungen präsentiert. Im Herrenhaus befinden sich der Sitzungssaal der Kommune, Trauzimmer und Büroräume. In der spätbarocken Parkanlage lockt ein 80 Meter langer Laubengang aus Hainbuchen. Direkt nebenan, auf einer Insel, die von Issumer und Nenneper Fleuth komplett umflossen wird, befindet sich das neue Rathaus auf den Resten einer Hügelburg. Mächtige Mauerreste im Untergrund wurden bei Ausschachtungsarbeiten gefunden.

Viele Eigentümer

Das Fähnchen auf dem Dach des His-Törchen trägt die Jahreszahl 1338 – zu diesem Zeitpunkt wurde Haus Issum erstmals erwähnt. Issum selbst wird 1250 als „Iwelsheim" urkundlich genannt. Es gab jedoch schon eine Besiedelung 600 Jahre vor Christus und einen fränkischen Einzelhof an dieser Stelle.

Haus Issum gehörte zum kölnischen Amt Rheinberg im Dekanat Xanten und wurde 1338 an den Grafen Rainald II. von Geldern (genannt „der Rote" beziehungsweise „der Schwarze" – siehe auch Arcen) verkauft. 1388 gelangte es in den Besitz des Erzbischofs Friedrich III. von Saarwerden (der unter anderem Burg Friedestrom erbaute). 1403 überließ Friedrich III., Graf von Moers, „die Leibzucht an Schloss und Herrlichkeit Issum" den Eheleuten von Eyll. Ihnen folgten der geldrische Erbmarschall Johann von Boedberg, die Familie von der Horst und über Heirat der Erbin die Familie von Pallant. Unter ihrer Herrschaft wurde Issum Schauplatz der Reformation.

Der neue Backsteinbau

Otto Schenk von Nydeggen nahm die alte Burg 1551 ein und brannte sie nieder. Der heutige wasserumwehrte Backsteinbau stammt aus der zweiten Hälfte des 16. Jahrhunderts. Er besteht aus einem langgestreckten Herrenhaus mit einem Treppentürmchen auf der Rückseite, das durch einen Graben getrennt parallel zur Straße verläuft. Rechterhand schließt sich das zweigeschossige Torhaus mit Nebentrakten an. Nachdem es zunächst durch eine Zugbrücke mit dem Ort verbunden war, kann es heute über eine steinerne Brücke betreten werden. Die Parkanlagen gehen auf eine spätbarocke Gestaltung zurück. Zwischen Rosen und botanischen Besonderheiten laden sanft geschwungene Wege zum Flanieren ein. Ein Laubengang führt durch eine 80 Meter lange Hainbuchenallee – eine Seltenheit am Niederrhein! Rückwärtig befinden sich die Fleuth und der Rathausneubau auf der alten Burgmotte.

Durch Heirat der Erbtochter Adriana von Pallant gelangte Haus Issum im 16. Jahrhundert in den Besitz der Familie von Dorth. 1673 wurden das Haus und der Ort durch französische Truppen geplündert.

Rathaus und His-Törchen

Über die Herren von Leerodt, den Baron von Blankart, die Grafen von Borchgrave und den Augenarzt Dr. Mooren gelangte die Anlage mit 200 Morgen Land 1912 in den Besitz der Gemeinde Issum. Heute sind im Herrenhaus Teile des Rathauses mit Sitzungssaal, Büroräumen und Trauzimmer untergebracht.

Im Torbau befanden sich bis in die 1980er-Jahre hinein Wohnungen. Da die Wohnungen sich über unterschiedliche Ebenen erstreckten, wurden sie für potentielle Mieter unattraktiv. Es entstand die Idee, an diesem Ort Informationen über die Heimat und das Brauchtum vor Ort zu sammeln und auszustellen. Der liebevolle Name „Hist-törchen" für das Heimatmuseum, der in einem Ideenwettbewerb gefunden wurde, symbolisiert die Nähe und Verbundenheit der Issumer und Niederrheiner mit diesem Ort im Herzen der Gemeinde Issum.

Eine kleine Baugeschichte

In der jahrhundertelangen Geschichte des Hauses Issum gibt es vor allem eine Konstante: Veränderung! Mit der benachbarten Burgmotte steht es repräsentativ für all jene Häuser, in denen sich Spuren einer Jahrtausende alten Baugeschichte finden lassen.

Die ersten Niederungsburgen wurden entweder auf „Donken" (Sandbänken im sumpfigen Land) oder künstlichen „Burgmotten" errichtet. Landadelige schufen einen möglichst hohen Erdhügel, indem sie ringsum einen Graben aushoben und das Material in der Mitte aufschichteten. Am höchsten Punkt wurde ein Wehr- und Wohnturm errichtet, der im Normalfall nur über eine Zugbrücke erreichbar war und einen weiten Blick gewährleistete, um nach Feinden Ausschau zu halten. Den inneren Rand des Grabens befestigten sie mit Palisaden und Türmen. Hier gibt es klare Kategorien: Ab fünf Metern Höhe spricht man von einer Hochmotte, ab zehn Metern Höhe von einer Großmotte. Größtes und eindrucksvollstes Beispiel der verbliebenen Erdhügel im ganzen Rheinland ist die Motte Alde Berg zwischen Dalheim-Rödgen und Arsbeck bei Wegberg (siehe Abb. Seite 6). Sie misst 12 Meter in der Höhe und besitzt eine Basis von 60 Metern.

Den ersten hölzernen Wehrtürmen folgten stabilere steinerne Bauwerke. Mauern wurden oft in der Basis aus Liedberger Sandsteinblöcken errichtet. Für kniffligere Aufgaben verwendete man Tuffstein. In Brüggen wurde Maastrichter Mergelstein verwendet, da die Erbauer aus diesem Gebiet stammten. Ziegelsteine wurden als Baumaterial am Niederrhein erst im 14. Jahrhundert wieder „erfunden". Diese Basis wurde im Laufe der Zeit stetig modernisiert und überformt, so dass jede Burg und jedes Schloss heute ein ganz eigenes „Gesicht" besitzt.

Anfahrt
Von der B58 auf den „Vogt-von-Belle-Platz" abbiegen

Übernachtung / Gastronomie
in der Nähe

Events
Standesamtliche Trauungen, Ostermarkt vier Wochen vor Ostern, Weihnachtsmarkt im Park am 2. Adventswochenende, Heimatmuseum His-Törchen.

Kontakt
Gemeinde Issum – His-Törchen
Herrlichkeit 7–9
47661 Issum
Tel. 02835 1024
touristik@issum.de

→ **www.issum.de**

Burg Kempen – Zeitreise rund um die kurkölnische Landesburg

Ein Gang durch die historische Altstadt der Thomasstadt Kempen (nach Thomas von Kempen) erscheint wie eine Zeitreise. Der mittelalterliche Rundling fasziniert mit Fachwerk-Häuserzeilen, dem gotisch geprägten Kuhtor, einer Turmwindmühle aus dem Jahr 1481, dem Peterturm, Wehrgängen und Befestigungen aus der Zeit zwischen 1270 und 1320. Nicht zuletzt beeindruckt die kurkölnische Landesburg, die mit ihren drei majestätischen Türmen inmitten des Stadtparks thront.

Von großer strategischer Bedeutung

Der zweiflügelige Winkelbau aus rotem Backstein gleicht mit seinem heutigen neugotischen Gesicht auf der Südostseite auf den ersten Blick Schloss Moyland, besitzt jedoch mit dem langen Westflügel und der fast dreieckigen Form einen stark abweichenden Grundriss. Bereits Anfang des 11. Jahrhunderts existierte hier ein befestigter Hof. Kempen besaß nach der verlorenen Schlacht von Worringen für Kurköln eine hohe strategische Bedeutung, wurde zur Verteidigung gegen Brabant und Jülich befestigt und erhielt 1294 die Stadtrechte. Die Burg wurde 1347 erstmals urkundlich erwähnt, als sie Ritter Reinhard von Schönau zu Lehen gegeben wurde. Sie blieb bis 1794 in kurkölnischem Besitz und diente als Sitz des Amtmanns. Das Gebäude geht allerdings auf die Zeit von 1396 bis 1400 zurück, als es von Johann Hundt nach Zülpicher und Lechenicher Vorbild im romanischen und gotischen Stil gestaltet wurde.

Die drei runden Ecktürme mit Zinnen sind etwa 30 Meter hoch und können bestiegen werden. Zur Nordseite wurde der Hof von einer starken Ringmauer begrenzt, an der später weitere Gebäudeteile ergänzt wurden. Über dem Hauptportal sind bis heute die Wappen des Kölner Erzbischofs und des Kurfürsten Friedrich von Saarwerden zu sehen. 1569 wurden Teile der Burg instandgesetzt und erneuert, darunter das Torhaus der im Süden liegenden Vorburg, auf deren Hof regelmäßig Gericht gehalten wurde.

Obwohl die Burg ab 1634 durch Ferdinand von Bayern zu einem kurfürstlichen Schloss im Stil der Spätrenaissance umgestaltet wurde und die Schießscharten großen Kreuzstockfenstern weichen mussten, wurde mit Zugbrücke, verstärkter Ringmauer und einer Bastion im Nordosten die Wehrhaftigkeit weiter verbessert. Trotz all dieser Maßnahmen wurden Stadt und Burg 1642 von hessischen Landsknechten gestürmt und für die französischen, hessischen und weimarischen Truppen eingenommen, die bis zum Ende des Dreißigjährigen Krieges blieben.

Schule und Archiv

Nach der Säkularisation gelangte das Gebäude Anfang des 19. Jahrhunderts in Privatbesitz. Große Teile des Nordflügels und die Bastion verschwanden, der restliche Teil der Burg brannte 1851 nieder. Die Ruine wurde 1857 an die Stadt Kempen verkauft. Nach dem Wiederaufbau im neugotischen Stil diente sie von 1863 bis 1925 als Schulgebäude für das Gymnasium Thomaeum. Die Vorburg wich 1868 einem Schulhof. Auch die Innenräume der Hauptburg wurden dem neuen Zweck angepasst. Nach dem Zweiten Weltkrieg erfolgten bis 1951 und im Jahr 1976 umfangreiche Instandsetzungsarbeiten. 1929 bis 1984 diente die kurkölnische Landesburg Kempen als Sitz der Kreisverwaltung. Sie beherbergt heute noch das Kreis- und Stadtarchiv.

Besonders stimmungsvoll beleuchtet wird die Burg beim Großfeuerwerk anlässlich des Martinszugs im November, der seit 130 Jahren stattfindet und als einer der größten in Deutschland gilt. Mit mehr als 50 Jahren fast ebenso traditionell ist das Posaunenkonzert am Heiligen Abend vom Ostturm. So bildet die Burg bis heute das Herz der Altstadt.

Altstädte und ihre Burgen

Dass sich in intakten Altstädten häufig alte Burgen oder deren Ruinen befinden, ist kein Zufall. Im Mittelalter war eine Stadtbefestigung unerlässlich. Teile dieser Verteidigungsanlagen sind heute (wie in Wassenberg) als Türme oder Burgen erhalten. Zudem bildeten sich im Umfeld vorhandener Adelssitze oder Landesburgen Siedlungen, die unter dem Schutz der Burgherren standen und in denen Handwerk und Handel florierten. Die Ortschaft Liedberg entstand beispielsweise erst ab 1608, nachdem das Schloss schon Jahrhunderte lang existierte.

Die Stadt Kempen basiert auf einer bäuerlichen Ansiedlung, die sich ab dem 11. Jahrhundert im Umfeld eines befestigten Herrenhofs des Kölner Erzbischofs bildete. Nach einer ersten urkundlichen Erwähnung 1186 erhielt sie 1372 das Marktrecht. Kurz darauf wurde die kurkölnische Burg erbaut. Eine erste Stadtbefestigung wurde jedoch bereits 1290 errichtet. Wachstum und Blüte gingen mit dem Ausbau der Verteidigungsanlagen und der Errichtung eines repräsentativen wehrhaften Amtssitzes Hand in Hand. Im Schatten dieses Wahrzeichens lädt die historische Altstadt heute zu einer Reise in die Vergangenheit ein.

Anfahrt
A 40 Ausfahrt Kempen (5), Kerkener Straße Richtung Kempen, nach 3,7 km links abbiegen (Otto-Schott-Straße)

Gastronomie
in der Nähe

Events
Turmbesteigungen (nach Vereinbarung), öffentlicher Park, Feuerwerk beim Martinszug, Turmkonzert am Heiligen Abend

Kontakt
Thomasstraße 20
47906 Kempen
Kulturamt der Stadt Kempen (Burgführungen): 02152/917-4111
Kasse am Kulturforum Franziskanerkloster (Museum und Touristeninformation): 02152/917-4120

⇢ **www.kreis-viersen.de**

Schloss Liedberg – Höhenburg über dem Fachwerkdorf

In einem Landstrich, dem Außenstehende nennenswerte Erhebungen absprechen, thront über dem pittoresken, vollständig denkmalgeschützten Ortskern von Liedberg auf einer langgestreckten bewaldeten Quarzitkuppe 77,7 Meter über NN eine der wenigen niederrheinischen Höhenburgen: Schloss Liedberg.

Die Römerwacht

Die Gegend wird seit der Altsteinzeit besiedelt. Der keltische Stamm der Eburonen lebte ebenso in dem Gebiet wie später die Römer, die den Quarzit und Sandstein aus dem Liedberg abbauten und diese Materialien für ihre Gebäude und Monumente verwendeten. Hinsichtlich der sogenannten Römerwacht, einem kreisförmigen Plateau mit einem Durchmesser von 32 Metern auf der Westseite des Liedbergs mit einem umgebenden Graben mit nordöstlichem Zugang, gibt es verschiedene Theorien: Sie reichen von einem römischen Signalturm über eine frühe mittelalterliche Burganlage in Form einer Hochmotte bis hin zu neuesten Erkenntnissen, die von einer keltischen Kultstätte, einem „Henge Monument" aus Holz oder Stein – vergleichbar mit Stonehenge – ausgehen. 1924 Löcher im Erdboden weisen auf Palisaden an dieser Stelle in ferner Vergangenheit hin.

Sicher ist, dass die edelfreien Herren von Liedberg bereits im 12. Jahrhundert ausstarben. Ihnen folgten die Grafen von Jülich in der zweiten Hälfte des 13. Jahrhunderts. 1279 besetzten die Ritter des Kölner Erzbischofs Siegfried von Westerburg Burg Liedberg.

Die weithin sichtbare Ruine des runden „Mühlenturms" bildete den Bergfried einer älteren befestigten Wehranlage auf dem Liedberg. Der 19,42 Meter hohe Turm mit 1,90 Meter dicken Wänden aus Sandstein mit einem Kranz aus Backsteinen verdankt seinen Namen der späteren Verwendung als Mühle. Im 19. Jahrhundert beendete ein Sturmschaden diese Nutzung.

Die Landesburg

Das heutige Schloss Liedberg wurde im 13. Jahrhundert östlich davon als zweiteilige kurkölnische Landesburg mit Vor- und Hauptburg erbaut. Der vierstöckige Mittelturm mit quadratischer Basis (10x10 Meter) und einer Mauerstärke von 1,60 Metern besteht aus Quadern aus Liedberger Sandstein und ist im oberen Bereich mit einem Spitzbogenfries mit Pechnase verkragt. Es gibt Hinweise auf einen früher vorhandenen äußeren Treppenturm, der einer zweiten Bauphase entspringt. Der ursprüngliche Zugang im Obergeschoss war vermutlich nur durch Leitern oder mobile Treppen erreichbar – eine Maßnahme, die dem Schutz der Bewohner diente und in den damaligen rauen Zeiten nicht ungebräuchlich war (siehe Wasserburg Anholt).

Die Hauptburg wurde durch eine starke Ringmauer geschützt, die in der ersten Bauphase um 1275 ausschließlich aus Sandsteinblöcken errichtet wurde. In der zweiten Bauphase Ende des 14. Jahrhunderts wurde diese Mauer durch Backsteinerweiterungen umfangreich verbreitert und erhöht. Ab diesem Zeitpunkt besaß sie einen Wehrgang und breite rund- und spitzbogige Arkaden.

In der Vorburg wurde die Burganlage durch einen zehn Meter breiten und fünf Meter tiefen Graben mit doppelten Torzugängen, Zwinger und Zugbrücken geschützt. Der Ort bildete sich an dieser Stelle erst ab 1608 vornehmlich im Schutz der Vorburg. Bis heute sind im Dorfbild zahlreiche historische Fachwerkhäuser erhalten, allen voran die überregional bekannte Fachwerkhofanlage Sandbauernhof.

Den Sonnenkönig zu Gast

Als kurkölnische Landesburg war Liedberg vielfachen Bedrohungen ausgesetzt. Einer ersten Erstürmung der Burg 1391, bei der die Burgmauer beschädigt und mit zusätzlichen Türmen wieder aufgebaut wurde, folgte eine Eroberung durch die Hessen 1642 während des Dreißigjährigen Krieges. Im Niederländisch-Französischen Krieg wurde Liedberg 1673 fast vollständig zerstört. Dies führte dazu, dass das Schloss beim Wiederaufbau ein barockes Antlitz erhielt – deutlich repräsentiert durch die barocke Haube des Mittelturms und eine Vergrößerung der ursprünglichen mittelalterlichen Fenster, die teilweise um 1705 vermauert wurden.

Im Außenbereich wurde 1707–1708 die St.-Georg-Kapelle als Schlosskapelle errichtet. Ebenso wurden im 17. und 18. Jahrhundert mehrere vorhandene Anbauten erweitert: im Süden Rittersaal und Fluchtstall (basierend auf einer ursprünglichen Verteidigungsmauer), auf der nördlichen Seite der Gülich mit einer Blendenfassade aus dem 19. Jahrhundert, durch einen Renaissance-Giebel getrennt vom sogenannten Vogelsang. Dieser Vogelsang geht als Holzbau auf die Zeit um 1500 zurück und wurde Ende des 17. Jahrhunderts in der heute rekonstruierten Form errichtet. Es ist überliefert, dass 1701 Sonnenkönig Ludwig XIV. als Gast im Schloss weilte.

1802 wurde Schloss Liedberg im Zuge der Säkularisation verstaatlicht und versteigert. Wie in so vielen Fällen erwarb der letzte kölnische Amtsverwalter das Schloss. Ihm folgte bis ins 20. Jahrhundert die Familie der Reichsfreiherrn von Fürstenberg. 1896 stürzte der Vogelsang ein. Im Westen des Turms wurde das ursprüngliche Torhaus abgebrochen. Der ehemalige Rittersaal wurde im 18. oder 19. Jahrhundert vermutlich als Brauhaus genutzt.

Die Wende

Einigen Bombentreffern im Zweiten Weltkrieg folgte zunächst weiterer Verfall. Nach dem Erwerb durch die Familie des Unternehmers Peter Overlack 2007 erfolgte die Restaurierung und Inwertsetzung der zerstörten Trakte.

Unmittelbar vor dem Haupthaus führt ein Pfad in den Wald zum Pfadfindergrab – zu einer weiteren der vielen Geschichten, die das Schloss und der Ort Liedberg zu erzählen haben.

Anfahrt
A 46 Ausfahrt 15 Neuss-Holzheim

Gastronomie
im Ort

Events
Veranstaltungen im Ort:
Ortsführungen, Seifenkistenrennen, Weihnachtsmarkt, Kulturveranstaltungen im Sandbauernhof

Kontakt
Schlossstraße 39
41352 Korschenbroich-Liedberg

→ **www.schloss-liedberg.de**

Burg Linn – Hochmittelalterliche Wasserburg und Museumszentrum

Die vollständig erhaltene hochmittelalterliche Wasserburg scheint einem Bilderbuch aus alten Zeiten entsprungen. Die ehemalige kurkölnische Landesburg thront über der Altstadt von Krefeld-Linn und ist von einem breiten Wassergraben umgeben. Vorburg und Park laden zu ausgedehnten Erkundungen ein. Ferner lässt sich die Kernburg innerhalb des Grabens zu Fuß umrunden, teils auch über den äußeren Wehrgang.

In der Hauptburg befindet sich ein Museum zur Geschichte der Burg, in dem auch Möbel von der Gotik bis zum Barock sowie der Sarkophag des Erbauers Otto von Linn ausgestellt werden. Zudem kann der Bergfried bestiegen werden, der einen hervorragenden Fernblick bietet. Im vorgelagerten Jagdschloss befinden sich Raumeinrichtungen des Krefelder Bürgertums aus dem 18./19. Jahrhundert sowie eine Sammlung mechanischer Musikinstrumente. Zweimal täglich spielt ein an der Fassade angebrachtes Glockenspiel aus Meißener Porzellan.

Das an die Anlage angrenzende Archäologische Museum Krefeld am Ortseingang von Linn schildert die Geschichte der Region seit der Urgeschichte. Es bietet neben archäologischen Funden wie einem 16 Meter langen Lastkahn aus der Zeit Karls des Großen und dem Grab des fränkischen Fürsten Arpvar mit prachtvollen Beigaben Modelle des römischen Kastells Geldrupa, der Bataverschlacht und niederrheinischer Städte im ausgehenden Mittelalter, zudem eine historische Bibliothek und volkskundliche Ausstellungen.

Die Kernburg

Als Burg Linn kurz vor dem Jahr 1188 für 100 Mark Silber an den Erzbischof von Köln verkauft wurde, existierte vermutlich schon längere Zeit eine einfache ovale Holzpalisadenfestung mit einem hölzernen Wachturm auf einer von Wasser umschlossenen Burgmotte. Otto von Linn behielt sie als Lehen und zog von dem Erlös in den Dritten Kreuzzug. Nach seiner Rückkehr nahm er den Bau einer sechseckigen modernen, mit Flankentürmen gesicherten Ringmauer in Angriff. Sie wurde erst von seinem Sohn Gerhard fertiggestellt und mit einem ersten Vollturm und um drei Meter erhöhten Mauern ausgestattet. So erhielt die Kernburg bereits ihre heutige Form. Tuffstein und Holzpalisaden wurden durch dicke Backsteinmauern ersetzt.

1264 fiel die Burg mangels Erben zurück an den Erzbischof von Köln, der sie 1267 an die Grafen von Kleve gab. Der Torzwinger, der Palas mit Rittersälen und der 24 Meter hohe Bergfried wurden bis zum Ende des 13. Jahrhunderts fertiggestellt und um 1300 die Stadt Linn gegründet. Mitte des 14. Jahrhunderts entstand die hochgotische Burgkapelle in einem der sechs Flankentürme.

Nachdem Amtmann Heinrich von Strünkede auf der Burg ein Leben als Raubritter führte, zog der Kölner Erzbischof das Lehen 1388 zurück und setzte eigene Amtsmänner ein. 1478 wurde als Reaktion auf die Belagerung durch Hermann von Hessen die äußere Wehrmauer errichtet und der Graben nach außen verschoben. Der noch vorhandene Küchenflügel stammt aus dem 16. Jahrhundert, der Treppenturm am Rittersaal wird um 1650 datiert. 1642 eroberten die Hessen Stadt und Burg und verstärkten die Anlage mit weiteren Erdbastionen. Nach der Räumung 1652 wurde sie mehrfach von Franzosen und Brandenburgern besetzt und brannte schließlich 1702/1704 in den Kriegswirren des spanischen Erbfolgekriegs vollständig aus. Lediglich der Hauptturm diente weiterhin als Gefängnis und wird seitdem „Butterturm“ genannt, nach dem Wort „Büttel“, das für Häscher und Henker gebräuchlich war.

Die Vorburg

Die Burg verlor ihre strategische Bedeutung und verfiel zusehends. Dafür entwickelte sich die Vorburg. Um 1707 wurde das alte Back- und Brauhaus zu einer Kellnerei als Sitz des Kurkölnischen Amtsmanns umgebaut. 1740 erfolgte die Umgestaltung zum Jagdschloss. Nach der Enteignung durch die französischen Besatzer im Rheinland kaufte der Krefelder Seidenhändler Isaak de Greiff 1806 die Burg. Dessen Sohn ließ das alte Amtshaus in der Vorburg nach 1830 in ein repräsentatives Wohnhaus umbauen und gestaltete so das heutige Jagdschloss. Der Park wurde durch den Düsseldorfer Gartenarchitekten Maximilian Friedrich Weyhe (siehe auch Gartrop, Greiffenhorst, Moers, Neersen) in einen englischen Landschaftspark umgestaltet. In der Ruine der Kernburg richtete er im kleinen Turm einen Teepavillon ein.

Heimatmuseum und Park

1925 konnte die Stadt Krefeld die Burg mit ihrer Ausstattung erwerben und machte die Ruine für die Öffentlichkeit zugänglich. 1930 wurde im Jagdschloss, in der umgestalteten Remise und in der Zehntscheune ein Heimatmuseum eröffnet. Burg Linn stand im Zentrum der Forschungs- und Restaurierungsarbeiten des Burgenforschers Professor Albert Steeger, die bis in die 1950er-Jahre reichten. 1993 wurden die provisorischen Flachdächer durch Steildächer ersetzt, die die alten Proportionen der Burg wiederherstellten. Das heute in der Vorburg befindliche malerische Backhaus stammt vom Lanneshof in Tönisvorst. Der Park wurde im Rahmen der europäischen Gartenschau bis 2003 umfassend saniert und ist heute Bestandteil der Straße der Gartenkunst zwischen Rhein und Maas.

Interessant ist auch, dass die 2,5 Kilometer entfernt liegende Geismühle, heute zu Unrecht nur durch die gleichnamige Autobahnraststätte bekannt, zu Burg Linn gehörte. Ihre ursprüngliche Verteidigungsfunktion als vorgelagerter Wach- und Wehrturm demonstriert die 700 Jahre alte, vom Rastplatz aus gut zugängliche Getreidemühle, indem sie Schießscharten statt Fenster besitzt.

Anfahrt
A57 Ausfahrt 13 Krefeld-Zentrum Richtung Linn fahren

ÖPNV
RB33, „Bahnhof Krefeld-Linn“ / STR 044 + Bus 047 + Bus 059, Haltestelle „Burg Linn“

Gastronomie
Museums-Café

Events
Pfingsten mittelalterlicher Flachsmarkt, Museumszentrum, regelmäßige Führungen/Sonntagsführungen/Kinderführungen, Sonderausstellungen, Parkanlagen

Kontakt
Museum Burg Linn
Rheinbabenstraße 85
47809 Krefeld
02151/15539-0
burglinn@krefeld.de

→ **www.museumburglinn.de**

Schloss Moers – Im Herzen einer Stadt

Aus der Luft betrachtet wird deutlich, dass diese hochmittelalterliche Ringburganlage das grüne Herz der Stadt bildet. Während sich im Norden das Stadtzentrum mit Altstadt und Einkaufsmeile anschließt, zieht sich ein Grüngürtel wie eine grüne Lunge weit vom Schlosspark über den Freizeitpark in den Süden der Stadt hinein. Von oben ist die Form der Festung klar erkennbar, die die Burg zur Zeit ihrer größten Ausdehnung und Wehrhaftigkeit umgab.

Auch kulturell steht das Schloss im Zentrum der Aufmerksamkeit: Im Grafschafter Museum erzählen Ausstellungsstücke, Infotafeln, Interieur und die 3D-animierte unglückliche Gräfin Walburgis von Neuenahr-Moers (1533–1600) die Geschichte von Stadt und Schloss. Im Schlosskeller und in einem historischen Nachbargebäude befindet sich das Schlosstheater. Der Schlosshof mit seinen Ausgrabungsstätten wird als Bühne für kulturelle Veranstaltungen und Festivals genutzt, ebenso wie der umgebende Park, in dem in der mittelalterlichen Spiel- und Lernstadt Musenhof historisches Leben für Kinder erlebbar gemacht wird.

Anfänge

Bereits zur Eisenzeit siedelten im Raum Moers Menschen; die Römer errichteten in Asciburgium (heutige Moerser Stadtteile Asberg und Schwafheim) ein Militärlager mit Lagerdorf. Moers selbst wird bereits im 9. Jahrhundert als „Murse" erwähnt, die Herren von Moers (de Murse) 1186. Um 1200 entstand ein quadratischer Wohnturm aus den Abbruchsteinen des Römerlagers (Tuffstein) mit einer Kantenlänge von etwa sieben Metern, der erste nachweisbare Teil ihrer Burg. Aus dieser Zeit stammt auch ein hochmittelalterlicher Lehmkuppelofen, der neben den Resten des Turms und der Ringmauer im Ausgrabungsbereich im Innenhof besichtigt werden kann. Unzählige Fundstücke aus den Grabungen geben für jedermann zugänglich im Museum Hinweise auf die Lebenswelt und Gewohnheiten der Bewohner. So wurden reichlich Schweinefleisch und Bier sowie später Tabak genossen.

Im 13. Jahrhundert entstand die drei Meter starke und zwölf Meter hohe Ringmauer um den Burghügel. Sie bildet heute die Innenmauer der erhaltenen Gebäude, denn diese Mauer wurde im 15. Jahrhundert mit einer Zwingermauer mit Schießkammern und Schießscharten umgeben. So wurde eine zeitgemäße Wehrhaftigkeit gegen Pulvergeschütze erreicht, was notwendig war, da sich die Herren von Moers von der Lehenshoheit der Klever abwandten und im Herzogtum Geldern Macht und Bedeutung errangen. Graf Friedrich III. gehörte zudem dem burgundischen Ritterorden vom Goldenen Vlies an, was dazu führte, dass 1437 in Moers ein Fürstentag gehalten wurde.

Auseinandersetzungen und Kriege

Anfang des 16. Jahrhunderts gelangte die Burg in die Hände der Herren von Neuenahr, die sich in der Folge zum protestantischen Glauben bekannten und das Haus so ins Zentrum konfessioneller Auseinandersetzungen rückten. Ende des 16. Jahrhunderts wurde Moers von einer Frau regiert: Walburgis (auch Walbourg oder Walburga) von Neuenahr-Moers, deren animiertes Alter Ego heute durch die Ausstellung geleitet.

Ihr zweiter Gemahl stellte dem Kölner Erzbischof und einer evangelischen Stiftsdame das Schloss als Liebesnest zur Verfügung und verwickelte damit die Grafschaft Moers in den Truchsessischen Krieg. 1586 fiel Moers kampflos an die Spanier, 1597 eroberte Walburgis' ernannter Erbe und weitläufiger Verwandter Moritz von Oranien den Besitz für sie zurück und trat 1601 ihr Erbe an. Er erbaute die heute noch erkennbare fünfseitige sternförmige Befestigungsanlage, der er nach dem Stadtbrand 1605 eine weitere Festungsanlage vorlagerte, die auch die Stadt einbezog. Durch Erbschaft gelangte 1702 der preußische König Friedrich I. in den Besitz der Grafschaft, die er 1707 zum Fürstentum erhob.

Lazarett und Aktenlager

Im 15./16. Jahrhundert wurde zwischen den Schlossmauern ein Palas (das heutige Hauptgebäude) errichtet und mit der Zeit wurden weitere Türme und Gebäudeteile außen angegliedert. Im Siebenjährigen Krieg gelangte das Schloss sechs Jahre lang in die Hände der Franzosen, die den Rittersaal als Lazarett nutzten. Preußische Beamte lagerten später alte Akten darin. Nachdem Friedrich II. die Festungsanlagen schleifen ließ und Teile der Ländereien verkaufte oder als Kirchenland stiftete, diente das Schloss zunächst als königliches Amtshaus, bevor es um 1800 mehr und mehr verfiel und teilweise abgerissen wurde. Bei Hochwasser brachte die Bürgerschaft hier das Vieh unter.

Im 19. Jahrhundert befand es sich im Besitz eines Duisburger Fabrikanten, der Teile abreißen und andere Teile umbauen ließ. Der Park wurde wahrscheinlich vom Königlich-Preußischen Gartendirektor Maximilian Friedrich Weyhe (siehe auch Gartrop, Greiffenhorst, Linn und Neersen) angelegt. 1908 wurde im Erdgeschoss des Schlosses das „Grafschafter Heimatmuseum" eröffnet. Heute dient das gesamte Schloss mit seinem 2010 errichteten Anbau als Museum für Regional- und Kulturgeschichte und kultureller Veranstaltungsort.

Schloss Moers gilt als eine der ältesten erhaltenen hochmittelalterlichen Ringburganlagen im Rheinland.

Anfahrt
A40/A57 Ausfahrt Moers

ÖPNV
Alle Buslinien ab Moers Bahnhof + SB 30 ab DU-Hbf, Haltestelle „Königlicher Hof" (10 Minuten Fußweg)

Gastronomie
Casa Leonardo
www.casa-leonardo-moers.de

Events
Grafschafter Museum im Schloss mit Kaufladen aus dem 19. Jahrhundert, historischer Puppenstubensammlung und Sonderausstellungen, Grafschafter Musenhof im Schlosspark Moers, Schlosspark, Freizeitpark, Nacht der Geschichte, Museumspädagogik, Kindergeburtstage, Schlosstheater, zahlreiche Veranstaltungen, z. B. Moers Festival, move!

Kontakt
Grafschafter Museum im Moerser Schloss
Kastell 9
47441 Moers
02841/88151-0
grafschafter-museum@moers.de

→ **www.grafschafter-museum.de**

Schloss Moyland – Ein Haus für die Kunst und ein Park für die Seele

Moyland bedeutet auf hochdeutsch „schönes Land“ – besser lassen sich die wildromantische wasserreiche Landschaft und das gleichnamige Schloss nicht beschreiben. Und dies ist gleich seine erste Besonderheit (und nicht die letzte): Der Name des Schlosses bezeichnet nicht etwa das Adelsgeschlecht, sondern das Land in seiner Umgebung.

1365 existierte bereits eine Burg mit drei hufeisenförmigen Ecktürmen und einem Bergfried mit einer Regenwasserzisterne im Untergeschoss, der sowohl als Wohn- als auch als Verteidigungsturm diente, sowie eine Vorburg. Der Name Moyland ist bereits für das Jahr 1307 belegt. Im Spätmittelalter erhielt die Burg drei zweigeschossige Wohnflügel mit Palas (Saal) und Burgkapelle und einen Treppenturm im Burghof. Die Besitzer wechselten häufig, das Schloss blieb. Ursprünglich eine Erbpacht des Grafen Otto von Kleve, gehörte Moyland im 16. Jahrhundert zum Besitz der Familie Bronckhorst-Batenburg-Anholt und gelangte schließlich 1695 in den Besitz des brandenburgischen Kurfürsten Friedrich, der ab 1701 als König in Preußen regierte (siehe Schloss Gartrop). Zuvor jedoch ließ Alexander van Spaen (siehe auch Schloss Ringenberg) Moyland barock umgestalten und als repräsentativen Sommersitz ausbauen. Die Türme erhielten Helme, Parkanlagen wurden gestaltet und vor dem Schloss zwei Vorburgen und ein Torhaus errichtet. Die Schlosskapelle wurde aufgegeben und das Moyländer Kirchlein als reformierte Kirche eingeweiht.

Liebelei auf dem Schloss

Kurfürst Friedrich liebte Luxus und Macht und nutzte das Schloss viel und gern als Jagdschloss und Liebesnest. Ihm wird eine Affäre mit der 17-jährigen Emmericher Bürgerstochter Katharina Ryckers (auch „Schön-Käthchen“ genannt) nachgesagt – dies sorgte für Klatsch und Tratsch bei Hofe und sicher auch am Niederrhein. Der König verheiratete sie in der Moyländer Schlosskapelle mit einem ihm loyal gesinnten deutlich älteren Grafen und holte sie sofort wieder nach Berlin. In der ersten Hälfte des 18. Jahrhunderts bewohnten 250 Menschen Moyland. Sie lebten in 18 Bauernhöfen und 33 Katen. Sie bauten Tabak an und züchteten Seidenraupen auf Maulbeerbäumen.

Der König und Voltaire

1740 erlebte das Schloss einen seiner geschichtlichen Höhepunkte: König Friedrich II. (der Große) und Voltaire philosophierten beim „Nachtessen“ über die Unsterblichkeit der Seele und über die Freiheit. Dieser Begegnung ist zur heutigen Zeit ein Wanderweg gewidmet, der von Moyland nach Qualburg und von dort als „Prinz-Moritz-Weg“ nach Kleve führt. Nachdem das Schloss bereits unter dem Spanisch-Niederländischen Krieg (1568–1648) gelitten hatte, wurde es im Siebenjährigen Krieg (1756–1763) durch die Franzosen schwer beschädigt. Es sollte nicht das letzte Mal sein, dass das Schloss wie Phönix aus der Asche auferstand. 1766 gelangte es schließlich für 102.000 holländische Gulden in die Hände der Familie Steengracht, die bis heute die umliegenden Ländereien besitzt. Im 19. Jahrhundert entwickelte es sich wegen seiner wertvollen, öffentlich ausgestellten Kunstsammlung zu einem beliebten Ausflugsziel. 1854 bis 1870 wurden Schloss und Gartenanlagen von dem Kölner Dombaumeister Ernst Friedrich Zwirner neugotisch im Tudorstil umgestaltet. Schloss Moyland erhielt sein heutiges Gesicht.

Die Ruine

Nachdem Anfang der 1930er-Jahre am Ostturm die Hakenkreuzfahne gehisst wurde, wurde das Schloss im Februar 1945 von alliierten Soldaten besetzt. Winston Churchill besuchte es am 25. März 1945. Schwerer Artilleriebeschuss zerstörte das Bauwerk zum Kriegsende fast vollständig. Möbel wurden in den Wassergraben geworfen, Bücher verbrannt, die Kunstschätze geplündert. Ein Großbrand 1956 verwandelte Moyland endgültig in eine Ruine und versetzte es in einen 30 Jahre währenden Dornröschenschlaf.

Und wie im Märchen liebten die Menschen das Schloss. Von Efeu überwuchert und trotz aller Zerstörung immer noch märchenhaft schön, überwanden Menschen die errichteten Barrieren und drangen in die Ruine ein, besuchten sie, bemalten sie, fotografierten sie und veranstalteten Partys jedweder Art inmitten der einsturzgefährdeten Räume. Vorbei an hohem Gras und wildem Gebüsch führte der alte rote gewölbte Backsteinweg zwischen Tennisanlagen hindurch schnurgerade von der Kirche auf das Schloss zu. Fragen Sie die Menschen – jeder hat seine eigene Geschichte zu Moyland in jener Zeit.

Wiederauferstehung

50 Jahre nach seinem persönlichen Karfreitag zum Kriegsende feierte das Schloss seine Wiederauferstehung. Die Brüder van der Grinten stifteten ihre wertvolle Kunstsammlung mit Werken von Joseph Beuys, einem Sohn der Stadt Kleve, unter der Bedingung, dass ihr im Schloss Moyland eine Heimat gegeben wurde. Der Baron brachte sein Schloss in die Stiftung ein. Schutt wurde entfernt, Vorburgen und Schloss restauriert, wobei die Innenräume der musealen Nutzung angepasst wurden und die alten Strukturen weichen mussten.

1997 eröffnete das Museum Schloss Moyland, das sich – auch für Hochzeiten im Zwirnersaal – ungebrochener Beliebtheit erfreut. Es folgte die Wiederherstellung der historischen Gartenanlage mit Kräutergarten und Skulpturenpark. 2008 erhielt der hoch aufragende Nordturm, der einst als Bergfried diente, einen prachtvollen Helm. Mit etwas Kondition lässt sich die Plattform in 32 Metern Höhe über 104 Stufen erklimmen.
Es bietet sich eine grandiose Aussicht über das „schöne Land“ – Moyland!

Anfahrt
B57 Kalkar-Kleve

ÖPNV
Linie 44, Haltestelle „Schloss Moyland"

Gastronomie
Schloss Moyland Eventlocation & Café

Events
Dauerausstellung, Sonderausstellungen, Workshops, Parkfeste (z. B. Kräutergartenfest, Hortensienfest, Bankett unter Bäumen), Kunsthandwerker-Weihnachtsmarkt, Jugendfestival Courage, Ostermontag für Familien, Nachts im Museum

Kontakt
Stiftung Museum Schloss Moyland
Sammlung van der Grinten
Joseph Beuys Archiv des Landes Nordrhein-Westfalen
Am Schloss 4
47551 Bedburg-Hau
Tel. 0 28 24/95 10-60
info@moyland.de

···> **www.moyland.de**

Haus Neersdonk – Weißes Schlösschen in den Feldern bei Vorst

Bei der Anreise durch die Felder rund um Vorst winken dem Betrachter von weitem die Wetterfahnen des weiß leuchtenden Hauses einladend entgegen. Schafe und Rinder weiden auf den Wiesen, und glückliche Freilandhühner picken im Gras. Bei einem Spaziergang durch die Felder und am Waldrand lässt sich das Schloss von allen Seiten betrachten. So manche Ehe wurde im Rittersaal des Hauses oder im Garten geschlossen und gefeiert.

Der Genneperhof

Der Ursprung des Wasserschlosses liegt möglicherweise um 1193, als Gräfin Maria von Dohn auf einer Donk (einer flachen Erhebung im sumpfigen Land um Niers, Flöth und Schleckbach) bei Vorst eine erste Burganlage errichtete. Vermutlich bestand bereits vorher an dieser Stelle ein fränkischer Adelshof. Zur Zeit der Wikinger-Überfälle legte der Landadel auf künstlichen Hügeln (Motten) und natürlichen Erhebungen im Sumpfland (Donken) Wehr- und Wohntürme an. Auf diesen Ursprung auf einer Sandbank im Niersbruch deutet bereits der Name des Hauses hin.

Doch die eigentlich relevante Besitzung war um 1400 der Genneperhof (Hof zu Vorst) in der Nähe, der sich im 14. Jahrhundert lange Zeit im Besitz der Familie von Gennep befand und heute nicht mehr existiert. Bei Haus Neersdonk handelte es sich lediglich um dessen „Afterlehen“, also ein untergeordnetes Lehen. Dennoch war es dieses Haus, das sich zu einem Rittersitz entwickelte. Das heutige „Gesicht“ als wasserumwehrtes zweigeschossiges Herrenhaus mit Sieben-Fenster-Front, zwei Türmen und barocken Hauben erhielt es um 1667. Die Wetterfahnen deuten auf eine weitere Renovierung um 1775 hin.

Nach den Herren von Hemberg (1404–1530) gelangte der Besitz in die Hände der Familie von der Portzen, deren letzter Erbe 1687 nicht zuletzt wegen des aufwendigen Umbaus des Hauses verarmt verstarb. Haus Neersdonk wurde nebst 32 Morgen Wald- und Bruchland und 62 Morgen Bauland 1690 für 6000 Reichstaler an die Herren von Aschenbroich versteigert, die 1723 den Genneperhof und Haus Neersdonk vereinten.

Mit Schlossgeist

Um den Tod des letzten Gutsherren dieser Linie, Ernst Anton von Aschenbroich, ranken sich dunkle Gerüchte. Im Jahre 1763 erstickte er auf der Jagd. Je nach Quelle ist auch von einem Schuss oder Erwürgen die Rede. Seit dieser Zeit halten sich vielfältige Gerüchte um einen Schlossgeist – genährt durch den ungeklärten Todesfall sowie die Tatsache, dass ein Teil des Kellers nicht zugänglich ist und dort angeblich in der Vergangenheit Gebeine gefunden wurden. Zudem wird erzählt, dass in der Neujahrsnacht um Mitternacht zwei weiß gekleidete Edelfrauen mit raschelnden Seidenkleidern am Kamin Platz nehmen. Die eine Dame spult ein Wollknäuel ab, das die andere wieder aufwickelt. Dabei singen sie ein unverständliches Lied. Eine andere Erzählung besagt, es gebe einen Geheimgang zum in der Nachbarschaft liegenden Haus Raedt.

Der Fetzer

Fakt ist, dass ein Jahr vor dem tragischen Todesfall Freiherr Wilhelm Ferdinand von Plettenberg in das Haus einzog, 1667 die Schwester des Verstorbenen ehelichte und mit seinem Alkoholkonsum dafür sorgte, dass beide Höfe 1773 erneut zur Vollstreckung standen. Sie wurden schließlich durch den Reichsgrafen Johann Wilhelm von Efferen erworben, der kurz darauf verstarb. Seine Witwe blieb als Hausherrin.

In der Nacht vom 2. zum 3. Mai 1797 wurde Haus Neersdonk vom berüchtigten Räuber Matthias Weber, genannt „der Fetzer“, heimgesucht, der interessanterweise seine Kindheit als Waise auf Haus Neersdonk verbracht hatte. Während die Räuber mit einem Baumstamm die Tür rammten und aufbrachen, die Hausbewohner fesselten und den Besitz plünderten (wobei die mutige Gegenwehr des Hauskaplans legendär überliefert ist), holte ein Gärtnerbursche Hilfe. Den benachbarten Bauern gelang es gemeinsam, die Räuber in die Flucht zu schlagen und mehrere Übeltäter gefangen zu nehmen. Aus Dankbarkeit schenkte die Gräfin von Efferen ihren hilfreichen Nachbarn je einen halben Morgen Waldparzelle „unter der Hecke“.

Nach ihrem Tod ging Haus Neersdonk in eine Erbengemeinschaft über und wurde erneut mehrmals versteigert. 1846 wurde der Genneperhof abgerissen. 1942 gelangte das Haus in die Hände der Familie Berkel-Recken, die es nun in der vierten Generation bewirtschaftet und in der fünften Generation bewohnt. Renovierungen in den Jahren 1964 und 1981–1985 lassen sowohl das Herrenhaus als auch die Wirtschaftsgebäude aus den Jahren 1755, 1908 und 1940 in neuem Glanz erstrahlen.

Landwirtschaftlicher Betrieb und mehr

Heute beherbergt Haus Neersdonk neben einem landwirtschaftlichen Betrieb mit preisgekrönter Rinderzucht, Freilandhühnern, Schafen und vielen weiteren Tieren eine Außenstelle des Standesamtes Tönisvorst. In der guten Stube, im Rittersalon und im Garten finden Trauungen und Hochzeitsfeste statt, teils auch phantasievoll thematisch passend als Candlelight-Trauungen mit vielen kleinen Extras. Beim jährlichen Schützenkreuzweg mit der Reliquie des heiligen Gotthardus bietet es den würdigen Rahmen für einen Gottesdienst unter freiem Himmel. Aus der Ferne glänzen in der Sonne erneut die beiden Wetterfahnen weit über das Land.

Anfahrt
B509 Außenring Kempen abbiegen Richtung Vorst

ÖPNV
Haltestellen Oedter Straße / Lindenallee (Vorst)

Übernachtung / Gastronomie
in Vorst

Events
Trauungen, Hochzeitsfeiern, dörfliche Feste

Kontakt
Haus Neersdonk
Haus Neersdonk 1
47918 Tönisvorst
02156/7102
verwaltung@haus-neersdonk.de

→ **www.haus-neersdonk.de**

Schloss Neersen – Festspiele für das Volk

Rund um Schloss Neersen herrscht Lebensfreude. Freundliche Gesichter im Sonnenschein, Freizeitfreude, Entspannung, Müßiggang und Eis essende Menschen prägen das Bild rund um das altehrwürdige Haus. Der frei zugängliche Park bietet viel mehr als nur Rasen oder einheimische und exotische Bäume und Pflanzen: Rosengarten, Orangerie, ein großer Spielplatz, Erfahrungsfeld, Umweltstation, öffentliche Sportkurse, der „Park der Sinne“, ein bisschen Kunst für alle und nicht zuletzt der beliebte Eispavillon locken die Menschen an. Das Schloss selbst dient als Rathaus, beherbergt Teile der Stadtverwaltung und damit auch das Standesamt für romantische Eheschließungen im Schloss. Während des Sommers finden im Innenhof überregional bekannte Theater-Festspiele statt. Und für die Kleinen gibt es einen Bastelbogen, aus dem sich das Schloss nachbauen lässt.

Die Verteidigungsburg

Die fröhliche Inbesitznahme des auf der Willicher Internetseite als „eines der schönsten Rathäuser am Niederrhein“ bezeichneten Gebäudes steht im Gegensatz zur dramatischen Geschichte der 800 Jahre alten Wasserburg, die auf einer flachen Erhebung im sumpfigen Gelände, Donk genannt, als steinerne Niederungsburg errichtet wurde. Bis zur Begradigung im Jahr 1930 wurde der Burggraben mit dem Wasser der zuvor unmittelbar vorbeifließenden Niers gespeist, die der Ortschaft vermutlich auch den Namen verlieh. Während die Vögte von Neersen bereits im Jahr 1263 erwähnt werden, ist das Schloss erst 1371 als doppeltes Lehen des Kölner Erzbischofs und der Herren von Heinsberg urkundlich belegt.

Die Niers bildete die Grenze zwischen dem Kurfürstentum Köln und dem Herzogtum Jülich. Die Burg diente der Verteidigung der Niersübergänge im Kriegsfall. Im Zeitraum zwischen dem 13. und dem 15. Jahrhundert wandelte sich die romanische Burg und erhielt ein gotisches „Gesicht“. Den Rittern von der Neersen gelang es nicht, ihre Vogtei aus der doppelten Lehensherrschaft zu lösen. Durch Heirat fiel sie 1487 an Anton von Palant und, da männliche Erben fehlten, ebenfalls durch Heirat an die Linie derer „von Virmond“.

In den 1660er-Jahren erfolgte eine barocke Umgestaltung der mittelalterlichen, L-förmigen Burg durch Wilhelm von Virmond. Die heutige Gestalt des Schlosses geht auf diesen Umbau zurück: Der acht Meter dicke Bergfried mit zwei Meter dicken Mauern, Torturm, Wehrgang und Abschlussmauer wurden beseitigt, der Ostflügel verlängert und ein neuer Westflügel hinzugefügt, so dass ein hufeisenförmiger Bau mit vier quadratischen Ecktürmen entstand. 1767 fiel die Burg durch das Ableben des letzten Erben 1744 zurück an das Erzbistum Köln. Nach der Säkularisierung, während der Franzosenzeit, erwarb 1803 der letzte Amtsmann Josef Lenders das Anwesen. Der ursprüngliche Barockpark wurde in der ersten Hälfte des 19. Jahrhunderts von Maximilian Friedrich Weyhe (siehe auch Gartrop, Greiffenhorst, Linn und Moers) in einen Schlosspark englischen Stils umgewandelt.

Die gute Stube

Ab 1852 diente das Schloss dem Fabrikanten Felix Wilhelm Hüsgen als Wattefabrik und Baumwollspinnerei. Die Explosion einer Dampfmaschine im Jahr 1859 führte zu einem verheerenden Brand des Schlosses. Nur die Grundmauern blieben stehen. Um 1900 wurden Mitteltrakt und Ostflügel wieder aufgebaut, der Westflügel blieb als Ruine bestehen. Nach dem Zweiten Weltkrieg nutzte der Kreis Kempen-Krefeld das Schloss zunächst als Kindererholungsheim und schließlich als Schulungsstätte des DRK. Seit 1971 befindet es sich im Besitz der Stadt Willich, die in den 1970er-Jahren umfassende Restaurierungen durchführte und den Westflügel wiederherstellte. Heute dient es als „gute Stube“, Rathaus und Sitz der Verwaltung, unter anderem mit einem großen Ratssaal mit Ahnengalerie derer von Virmond, einem „Motte“ genannten Veranstaltungsraum im 2. Obergeschoss und einem Trauzimmer im Ostflügel.

Im Rahmen der Landesgartenschau Euroga 2002 wurden die Außenanlagen nach Vorbildern aus dem 18. Jahrhundert wiederhergestellt und kreativ immer weiter auf die Bedürfnisse der Bevölkerung zugeschnitten. Alljährlicher Höhepunkt sind die seit 1984 im Innenhof stattfindenden Neersener Schloss-Festspiele mit einem zwei Monate andauernden Theaterprogramm.

Theater am Schloss

Die Neersener Freilicht-Theateraufführungen bieten ein abwechslungsreiches Programm für Groß und Klein mit einem Kinderstück und mehreren weiteren wiederkehrenden Bühnenwerken, Literatur, Musik und Kabarett. Nachdem bereits zuvor zaghafte Versuche in dieser Richtung durchgeführt wurden, waren es letztlich zwei reisende Schauspieler, die die Stadträte überzeugten. 1984 begann mit dem „Zerbrochenen Krug“ von Kleist eine neue Ära. Die Neersener Schlossfestspiele waren geboren! 1989 lag die Auslastung mit 20.000 Zuschauern bereits bei 95 %. Rahmenprogramme und ein Förderverein sorgten für ein immer breiteres Angebot – aktuell ergänzt um eine Festspiele-Kultur-App. Für Jugendliche und junge Erwachsene gibt es die „Jungen Schlossfestspiele“ mit der Möglichkeit, als Mitglieder eines Clubs Schauspielunterricht zu nehmen und an einem „Impro-Battle“ teilzunehmen. Für Kinder im Grundschulalter wird im „Kidz Club“ ein eigenes Stück erarbeitet. So ist die Begeisterung nicht nur der heimischen Bevölkerung ungebrochen.

Eine ähnliche Veranstaltungsreihe gibt es auch in Brüggen. Während der „Niederrheinischen Theaterfestspiele“ in den Sommerferien werden auf der Freilichtbühne vor der Burg oder alternativ im historischen Theatersaal verschiedene Stücke aufgeführt. Auch diese Veranstaltungen sind überregional bekannt.

Anfahrt
A44 Abfahrt 22 Neersen

ÖPNV
Linien 036, 038, 056 – Haltestelle „Neersen, Am Schloss“

Gastronomie
Eiscafé Orangerie im Schlosspark, Ristorante Castello Da Chiara

Events
Schlossfestspiele Neersen, Kulturveranstaltungen, Trauungen, Besichtigungen, virtueller Rundgang

Kontakt
Schloss Neersen
Hauptstraße 6 (Navi: Rothweg 2)
47877 Willich-Neersen
02156/949-0

www.stadt-willich.de

Schloss Rheydt – Auf der „Pfaueninsel"

Die Schönheit der Schlossanlage Rheydt wird höchstens von der der faszinierenden Pfauen übertroffen, die in großen Gruppen malerisch um das Schloss verteilt leben, balzen und sich dekorativ auf Bänken, Blumentöpfen und Mauern platzieren. Dabei kann das Schloss sowohl von außen als auch von innen als einzigartig angesehen werden. Es gibt im Rheinland nur dieses eine vollständig erhaltene Renaissance-Wasserschloss. Das Herrenhaus ist ein repräsentatives Wohngebäude im Stil der italienischen Renaissance mit niederländischen Einflüssen. Vorburg, Herrenhaus und die nördliche Kasematte im Außenbereich beherbergen verschiedenartige Museen. So sind in der Vorburg eine Ausstellung zur Stadtgeschichte Mönchengladbachs und im Herrenhaus eine Sammlung zum Thema Kunst und Kultur der Renaissance und des Barocks beheimatet. Im Gewölbekeller des Herrenhauses liegen zudem Fundamente der Vorgängerbauten offen. Ergänzend befindet sich dort die Sammlung Seuwen mit antiken Kleinplastiken, Vasen und Gefäßen. In den Wallanlagen ist eine der vier Kasematten zugänglich, die einen Eindruck der ehemaligen Verteidigungsanlagen vermittelt. Sie waren an der damals modernsten Befestigungsanlage des Rheinlands, der Zitadelle in Jülich, orientiert. Zur damaligen Zeit wurde das umgebende Gelände zu Verteidigungszwecken von jeglicher Bepflanzung frei gehalten. Heute ist die unmittelbare Umgebung von Schloss Rheydt dicht bewaldet.

Vorgängerbauten

Es existierten mehrere Vorgängerbauten, von denen der älteste auf das 10.–12. Jahrhundert datiert wird. Aus dieser Zeit stammt ein Holzrost, der im Gewölbekeller zu besichtigen ist. Es handelte sich zunächst um eine an der Niers gelegene frühmittelalterliche Niederungsburg (Motte) mit einem Holzturm auf einem aufgeschütteten Erdhügel, umgeben von einem künstlichen Graben. 1180 wurde die Burg kölnisches Lehen und ging im 14. Jahrhundert in den Besitz der Grafen und späteren Herzöge zu Jülich über, die es als „Offenschloss" nutzen, also im Kriegsfall frei darüber verfügen konnten.

Im 13./14. Jahrhundert entstand als erster Steinbau ein 12,50 Meter breites rechteckiges Gebäude aus Backstein mit einem südlichen Rundturm, möglicherweise auf den Fundamenten der Holzkonstruktion. Die Ziegelmauer war 2,10 Meter dick. Ihre Reste sind heute noch im Gewölbekeller des Herrenhauses erkennbar. Mitte des 14. Jahrhunderts wurde eine Wehrmauer mit Ecktürmen errichtet. Es bildete sich ein Innenhof und das Gebäude wurde nach Norden erweitert. Diese Anlage war etwa 25,70 x 21,90 Meter groß. Zeittypische Fehden des 15. Jahrhunderts und die politische Situation in Lüttich führten zu einem Überfall durch Kölner und Lütticher Kaufleute, bei dem die Burg belagert und zerstört wurde. Dies war eine Reaktion darauf, dass Johann von Arendal-Well, der damalige Herr auf Rheydt, zwei Einwohner der heutigen Provinz Limburg verschleppt und Lösegeld gefordert hatte. Im Anschluss an diese Fehde erfolgte ein fast vollständiger Neubau durch Johanns Nachfolger Wilhelm von Nesselrode, der die Anlage erneut um 6,20 Meter nach außen erweiterte, indem er unter anderem am äußeren Rand der Insel eine neue Wehrmauer mit Schießscharten errichtete. So erreichte die Anlage letztlich eine Breite von 46 Metern. In der Mitte der langen Seiten wurden halbrunde Türme eingebaut. Das Backstein-Wohnhaus im Südwesten erhielt einen roten Anstrich.

Rheydt erhält sein Gesicht

Als Wilhelm 1500 kinderlos starb, ging das Schloss als Jülicher Lehen an die weitläufig verwandte Familie von Bylandt (siehe auch Schloss Walbeck) über. Heinrich von Bylandt erbaute Anfang des 16. Jahrhunderts auf der Nordwestseite der Burg einen Palas und ließ den Nordwestturm neu errichten. Nach einer erneuten Erweiterung im spätgotischen Stil erhielt das Schloss durch Otto von Bylandt ab 1558 sein heutiges „Gesicht" im Stil der Renaissance. Der Architekt Maximilian Pasqualini war ein Sohn des aus Bologna stammenden Baumeisters Alessandro Pasqualini, der unter anderem die Zitadelle Jülich als erste große Renaissancefestung im Rheinland errichtet hatte und etliche Burgen und Schlösser des Niederrheins im Stil der Renaissance umgebaut hatte. Der Arkadengang im Innenhof ist ein prachtvolles Zeugnis jener Umgestaltung.

Zudem wurde der Nordwestflügel zur Vorburg hin erweitert und die Mauern des Südwestturms von innen abgetragen. Der so gewonnene Innenraum erhielt ein Kreuzrippengewölbe, der durchgängige Keller des Hauses einen Abwasserkanal. Die vier Tondi an der Arkadenhof-Fassade lassen noch heute den Geist der Renaissance erkennen: den Rückgriff auf die Antike, die erzieherische Botschaft und die künstlerische Ausgestaltung jener Zeit. Die fünfzackige Befestigungsanlage mit Torburg, Bastionen und Kasematten mit dem vorgelagerten, von der Niers gespeisten äußeren Wassergraben trug weniger der größeren Reichweite der Feuerwaffen als dem Repräsentationswillen Otto von Bylandts Rechnung.

1851 gelangte das Schloss erstmals an einen bürgerlichen Eigentümer, bevor es 1917 von der öffentlichen Hand übernommen und bereits ab 1922 als Museum genutzt wurde. Anfang der 1940er-Jahre erfolgten größere bauliche Veränderungen der Innenräume: Schloss Rheydt wurde zum Gästehaus für Joseph Goebbels umgebaut, der in Rheydt geboren wurde. Es ist jedoch nicht belegt, dass er dort jemals genächtigt hätte. Nach einem Brand des Schlossrestaurants und Feuchtigkeitsschäden im Herrenhaus drohte in den 1980er-Jahren die Schließung des Schlosses. Bürgerschaftlichen Engagement führte zu umfassenden archäologischen Forschungen, zu einer Sanierung und zu einer musealen Neukonzeption. Mit einem modernen Anbau aus Glas und Stahl mit Treppenhaus und Aufzug am Herrenhaus wurde Barrierefreiheit erreicht.

Heute laden die Freianlagen zwischen den Gräben zum Spazieren und Verweilen ein und bieten von allen Seiten einen unverwechselbaren Blick auf das Schloss – malerisch „garniert" mit dekorativen Pfauen, Gänsen und Tauben.

Anfahrt
A52/A61/A44 Ausfahrt 11-Schiefbahn, Richtung Korschenbroich

ÖPNV
Buslinie 016, Haltestelle „Schloss Rheydt" (ab Korschenbroich Bf und Rheydt Hbf)

Gastronomie
Restaurant PURiNO

Events
Museum im Herrenhaus und in der Vorburg, Kasematte, Freianlagen, Museumspädagogik, Führungen, Sonderausstellungen, zahlreiche Veranstaltungen wie Ritterfest, Sommermusik, Sommerkino, Töpfermarkt, Gartenwelt, Herbstfestival, Kunst- und Handwerk im Advent, Konzerte, Lesungen, Vorträge etc.

Kontakt
Städtisches Museum Schloss Rheydt
Schlossstraße 508
41238 Mönchengladbach
02166/92890-0
info@schlossrheydt.de

→ **www.schlossrheydt.de**

Schloss Ringenberg – Idylle in der Isselniederung

Es ist ein friedvoller Ort, an dem Spaziergänger durch den Park wandeln, Brautpaare sich trauen und Künstler ihrer Kreativität freien Lauf lassen. Im Laufe der Geschichte hat Schloss Ringenberg schon ganz andere Zeiten erlebt.

Eine begehrte Grenzfeste

Es wird vermutet, dass das Schloss um 1220 durch die Herren von Dingden (die sich fortan Herren von Ringenberg nannten) im sumpfigen Morast der Isselniederung erbaut wurde. Die erste urkundliche Erwähnung stammt aus dem Jahr 1229. Die Lage zwischen den Herrschaftsgebieten der Grafschaft Kleve, des Bistums Münster und des Erzbistums Köln führten dazu, dass Ringenberg sich schnell zu einer begehrten Grenzfeste entwickelte. Eine Beschreibung aus dem Jahr 1265 bezeichnete die Burg als befestigtes Kastell mit Turm.

Sueder III., der Begründer des Hauses, verbündete sich im Wechsel mit den drei rivalisierenden Parteien und nahm von allen Geld an. So war er ursprünglich Ministerial des Erzbischofs von Münster, verpflichtete sich zwanzig Jahre später dem Erzbischof von Köln und verheiratete schließlich seine Tochter mit dem jüngsten Sohn des Grafen von Kleve, dem er nach vollzogener Ehe die Hälfte der Burg und des gesamten Erbes überschrieb. Der daraus resultierende Konflikt wurde in letzter Sekunde auf diplomatischem Wege durch einen Schiedsspruch zugunsten Kleves beigelegt.

Residenz und Siedlung

In der Folge baute Graf Dietrich IX von Kleve die Burg zur Residenz aus und siedelte vier niederländische Familien in der Umgebung an, die das Umfeld des Schlosses trockenlegten und besiedelten. 1329 wurde der urbanen Siedlung eine Gerichtsbarkeit zugesprochen, 1348 galt der Ort als Zentrum des Handels, des Handwerks und der Dienstleistungen. Die Wehrmannschaft des Schlosses umfasste zehn bis 25 Personen. Die beiden heute sichtbaren Rundtürme im Süden und im Osten der Burg stammen aus dieser Zeit.

Motiviert durch die „Soester Fehde“, baute der Herzog von Kleve die Verteidigungsanlagen der Burg Mitte des 15. Jahrhunderts mit einer Wehrmauer, hakenbüchsentauglichen Schlüsselscharten und einem deutlich breiteren Graben weiter aus. Im Südturm existierten zu diesem Zeitpunkt bereits Schlitzscharten, die weiter genutzt wurden.

Nur noch ein Steinhaufen

Schulden führten dazu, dass die Burg in der Folgezeit immer wieder verpachtet werden musste. Im 16. Jahrhundert existierten Pläne, die Burg in eine strategische Festung umzubauen, die jedoch nicht umgesetzt wurden. Stattdessen waren die Verteidigungsanlagen inzwischen veraltet und hielten dem, was Burg und Stadt drohte, nicht mehr stand.

Der Niederländisch-spanische Krieg wütete auch in Ringenberg und brachte wechselweise niederländische und spanische Besetzung, Tod und Zerstörung mit sich. Die Pest und der Dreißigjährige Krieg erledigten den Rest. Die Gemeindechronik berichtet, dass von der Burg 1648 kaum mehr als „ein Steinhaufen“ übrig war.

Mit dem Westfälischen Frieden gelangte Ringenberg als Lehen in die Hände der Brüder Jakob und Alexander von Spaen (siehe auch Schloss Moyland), die sofort mit dem Wiederaufbau im Stil des niederländischen Barocks begannen, der bis 1661 andauerte. Die beiden Rundtürme wurden in diesen Bau integriert. Das Schloss blieb bis 1848 im Besitz derer von Spaen, wurde jedoch bereits zur Jahrhundertwende des 18./19. Jahrhunderts immer weniger von der Familie genutzt. Im Siebenjährigen Krieg diente es als Offiziersquartier und zur Versorgung der Verwundeten. Nach mehreren Verkäufen fiel es der Familie von Salm-Horstmar zu, die das Anwesen vermietete und es kaum instand hielt. Um 1910 beherbergte es für einige Jahre das Bürgermeisteramt.

1924 erwarb die Familie von Plettenberg (siehe auch Dorenburg und Neersdonk) das Schloss, renovierte es notdürftig und bewohnte es bis zum Zweiten Weltkrieg. 1945 zerstörten Fliegerbomben Schloss und Ortschaft zu 40 %. Besonders der Nordostflügel des Schlosses wurde so stark in Mitleidenschaft gezogen, dass über das ursprüngliche Aussehen des Barockbaus nur alte Bildquellen Auskunft geben können. Die Wiederherstellung des Schlosses war mühsam und ging langsam voran. Teile wurden verpachtet.

Nachdem 1978 Künstlerateliers Einzug hielten, setzte sich die Nutzung als Atelierzentrum nach dem Verkauf des denkmalgeschützten Gebäudes an die Stadt Hamminkeln 1989 bis heute fort. Der Mitteltrakt dient nach umfangreichen Sanierungsarbeiten und der originalgetreuen Wiederherstellung seit den 1990er-Jahren als Standesamt der Stadt Hamminkeln und bietet eine stimmungsvolle Kulisse für Eheschließungen. Der Park ist für jedermann frei zugänglich. Regelmäßig finden im Schloss Ausstellungen und kulturelle Veranstaltungen statt.

Anfahrt
A3 Ausfahrt Hamminkeln

ÖPNV
Linie 64, Haltestelle „Ringenberg Ort"

Gastronomie
Land-Café Alpakas am Schloss

Events
Veranstaltungen, Kulturprogramm, frei zugänglicher Schlosspark, Führungen, Trauungen

Kontakt
Derik Baegert Gesellschaft
Schloss Ringenberg
Schlossstraße 8
46499 Hamminkeln
02852 9229
derik-baegert@schloss-ringenberg.com

→ **www.schloss-ringenberg.de**

Schwanenburg – Über den Dächern von Kleve

Auf dem „Cliff“, das der Stadt Kleve ihren Namen verlieh, thront leuchtend und von allen Seiten weithin sichtbar die majestätische Schwanenburg, eine der wenigen Höhenburgen am sonst recht flachen Niederrhein.

Um ein Haar hätte es sie in dieser Form vielleicht nie gegeben. Die bis ins 11. Jahrhundert hinein herrschenden Landbesitzer Adela von Hamaland und Balderich von Drenthe waren derart raffgierig, dass sie die eigenen Kinder ermordeten und schließlich ohne Erben verstarben. Kaiser Heinrich II. ließ das Gebiet nach ihrem Tod durch den Grafen Rutger von Flandern verwalten, der zum Stammvater der Klever Grafen wurde. Wobei sich jedoch der Schwanenturm laut der Inschrift über dem Eingang „schon 300 Jahre vor Gottes Geburt“ an dieser Stelle befunden haben soll. Weiter heißt es, Cäsar habe ihn erbauen lassen.

Die Anfänge

Tatsächlich urkundlich belegbar sind Dietrich I. von Kleve im Jahre 1092 und ein Kastellan (Burggraf) im Jahr 1145. Ausgrabungen bestätigen, dass es zu dieser Zeit bereits eine Burganlage gegeben hat, deren Ursprünge möglicherweise deutlich älter sind. Von einer Burg wird 1184 in einem Siegburger Mirakelbuch berichtet.

Um 1100 entstand an der Stelle des Schwanenturms ein „Donjon“, ein viereckiger Wohnturm aus Tuffstein mit 2,50 Meter dicken Mauern. Spätestens um 1150 wurde er von einer vieleckigen Ringmauer umgeben, von der heute noch Reste existieren. Ein Wohngebäude an der Ostseite maß etwa 12 x 8,50 Meter. Weiter südlich befand sich vermutlich eine kleine Burgkapelle.

Um 1170 wurde dort, wo sich heute im äußeren Burghof ein Parkplatz befindet, ein 12x30 Meter großer Palas mit einem prachtvollen Portal und einem Rittersaal mit Tonnengewölbe errichtet. Reste des Portals wurden später für die Türeinfassungen des Innenhofes verwendet und sind dort heute noch erkennbar. Die Burganlage setzte sich nach Westen mit einer Ringmauer aus Tuff und Basalt fort. Im Süden befand sich das in einen fünfeckigen Turm integrierte Burgtor.

Eine doppelsitzige Toilettenanlage mit Wasserspülung stammt ebenfalls aus dem 12. Jahrhundert. Sie befand sich in einem weiteren Turm und wurde später in den darüber errichteten Spiegelturm integriert. Zu jener Zeit bildete der eindrucksvolle romanische Bau das Zentrum höfischer Kultur. Der Karfunkel, der sich seit dem 13. Jahrhundert im Wappen der Klever Grafen befindet, deutet auf ihre Abstammung vom legendären Schwanenritter Helias (Lohengrin) hin – eine Sage, auf die überall im Klever Stadtbild hingewiesen wird. Trotzdem stammt der Name „Schwanenburg“ erst aus dem 19. Jahrhundert.

Der goldene Schwan

Weitere Umbauten, bei denen Backstein verwendet wurde, fanden im 14. und 15. Jahrhundert statt. Als der ursprüngliche Donjon im Jahr 1439 einstürzte, ließ Herzog Adolf durch Johan Wyrenberg den 54 Meter hohen Schwanenturm errichten. Er erhielt die heute noch weithin leuchtende Wetterfahne: einen goldenen Schwan. Zuvor waren bereits der ältere Südostturm und ein Teil der alten Wehrmauer mit dem „roten“ Spiegelturm (aus Backstein) überbaut worden, der nicht nur als Archiv, sondern auch als Gefängnis genutzt wurde. Nach Modernisierungen und Erweiterungen im 16. Jahrhundert wurde die Burg Mitte des 17. Jahrhunderts unter Johann Moritz von Nassau-Siegen von dem Architekten Pieter Post im niederländischen Barockstil umgestaltet.

Dynastische Vereinigungen

Die männliche Linie des Klever Grafengeschlechts starb 1368 aus. Margarete von Kleve ehelichte Adolf II. von der Mark, der durch den Tod seines Bruders beide Grafschaften in seiner Linie vereinigte. Der gemeinsame Sohn Adolf III. wurde 1417 in den Herzogstand erhoben. Als Folge der Soester Fehde und durch eine geschickte Heiratspolitik vergrößerte sich der Machtbereich in der Folge immens. Durch die Kinderverlobung und spätere Heirat der Erbtochter der Herzogtümer Jülich und Berg im Jahr 1510 vereinigte Johann III. aus dem Hause Kleve-Mark nach dem Tod seines Vaters 1521 die beiden Häuser Kleve-Mark und Jülich-Berg und wurde zum mächtigsten Fürsten im deutschen Westen. Seine zweitgeborene Tochter Anna wurde 1540 vierte Ehefrau König Heinrichs VIII. von England. Als sein Enkel Johann Wilhelm 1609 kinderlos verstarb, löste dies den Jülich-Klevischen Erbfolgestreit aus, der neben dem Dreißigjährigen Krieg das Land in Atem hielt und der erst 1672 abschließend beigelegt werden konnte.

Das Herzogtum Kleve fiel an das Kurfürstentum Brandenburg, erlebte eine erneute Blüte unter dem Statthalter Johann Moritz von Nassau-Siegen und gehörte ab 1701 dem Königreich Preußen an. Im 18. Jahrhundert verfiel die Burg zusehends. Johannesturm, Zimelienturm, der staufische Palas mit dem Rittersaal und viele weitere Gebäude stürzten ein oder wurden abgerissen, die restliche Burg für Justiz- und Verwaltungszwecke genutzt. Bis heute dient sie als Amts- und Landgericht.

Noch einmal brach der Schwanenturm zusammen: Am 7. Oktober 1944 wurde die Stadt Kleve und damit auch die Schwanenburg schwer bombardiert und zu großen Teilen zerstört. Beim Richtfest nach dem Wiederaufbau wurde dem Turm 1953 erneut der historische goldene Schwan aufgesetzt. Der Turm dient heute als Museum. Im Erdgeschoss befindet sich unter begehbarem Glas ein altes Verlies mit einer Abfall- und Fäkalkammer. Ein im Rheinland einmaliger Fund! Eine von den Besuchern steuerbare Kamera ermöglicht tiefere Einsichten. Der Turm kann bestiegen werden und bietet eine atemberaubende Fernsicht über die niederrheinische Tiefebene.

Anfahrt
A57 Ausfahrt Goch/Kleve

ÖPNV
Linie 49, Haltestelle „Fischmarkt“
(5 Min. Fußweg)

Übernachtung/Gastronomie
Gerichtskantine in der Burg, Restaurants und Cafés in der Umgebung

Events
Museum, Themenführungen, standesamtliche Trauungen, Konzerte, Rocknacht und andere Veranstaltungen im Innenhof

Kontakt
Schwanenturm
Schlossberg 1
47553 Kleve
02821/22884 oder 84806
info@klevischer-verein.de

→ **www.klevischer-verein.de**

Haus Voerde – Heiraten und Speisen im Park

Das strahlend weiße Wasserschloss bildet das grüne Herz der Gemeinde. Menschen halten sich im Park auf und genießen den Blick auf das barock und klassizistisch anmutende Haus, in dem so mancher Einheimische seine Ehe schloss.

Wirtschaftshof und Rittersitz

Vor 1200 existierte an dieser Stelle, einer Furt eines Altrheinarms, ein Wirtschaftshof der Abtei Werden. 1344 gab die Abtei den Hof als Lehen an die Herren von Loete, die dort eine Burg aus Backstein mit hohen gotischen Fenstern, Kaminen und Aborterkern errichteten, von der heute noch Teile in die nördliche Herrenhaushälfte integriert sind, unter anderem auch der Keller mit gebusten Kreuzgratgewölben. Die ehemalige Vorburg ist oberirdisch nicht mehr sichtbar, aber auf der Rasenfläche mit Natursteinen markiert. Zudem war die Kernburg vermutlich von einer Ringmauer umgeben und über eine Zugbrücke von der Vorburg aus erreichbar.

Gegen Ende des 14. Jahrhunderts wurde Haus Voerde zum klevischen Lehen, blieb jedoch in den Händen der Familie von Loete, bis es 1486 an Jakob von der Kapellen verkauft wurde, der das in der Nähe gelegene „Haus Wohnung“ besaß und Rentmeister des Amtes Dinslaken und Amtmann von Loo war. Der neue Besitzer ließ es als landtagsfähigen Rittersitz ausbauen. Durch Eheschließung seiner Enkelin gelangte das bereits zu dieser Zeit weiß geschlämmte Wasserschloss 1563 an die Familie von Syberg. Da sich die Familie zum protestantischen Glauben bekannte, wurde Haus Voerde 1596 im Achtzigjährigen Krieg von spanischen Truppen geplündert und schwer beschädigt.

Geschenkt

Auf den Umbau als Barockschloss im 17. Jahrhundert gehen unter anderem das obere Geschoss des Eckturms und dessen barocke Haube, zwei Seitenflügel mit Giebeln auf der Südseite sowie ein zweiter, nicht mehr vorhandener Eckturm zurück. 1809, nach Auflösung der Lehnsbindung durch die Franzosen, wurde das inzwischen verwahrloste Schloss an den Freiherrn zu Wittenhorst-Sonsfeld verkauft, der es im spätklassizistischen Stil umgestaltete und ihm sein heutiges Gesicht verlieh. Bei Reparaturarbeiten nach Plünderungen und Zerstörungen im Zweiten Weltkrieg wurden im Innenbereich größere Änderungen vorgenommen. 2014 wurde im Schlosspark ein barocker Garten gestaltet. Vor dem Haus steht ein Quarzitstein aus dem Tertiär, der mit seinen eindrucksvollen Löchern und pflanzlichen Einschlüssen große Ähnlichkeiten mit dem Teufelsstein in Schermbeck aufweist.

Seit 1922 befinden sich die Ländereien rund um das Schloss im Besitz der Gemeinde Voerde, die das zugehörige Herrenhaus 1950 als Geschenk vom damaligen Kreis Dinslaken erhielt. So ist der Park heute gepflegt und frei zugänglich. In der ersten Etage des Herrenhauses befindet sich das Standesamt der Stadt Voerde. Das Erdgeschoss steht für Ausstellungen und Feste zur Verfügung. Gewölbekeller und Terrasse werden von einem öffentlichen Restaurant genutzt und stehen für Feiern zur Verfügung. So bildet das Schloss nicht nur an den sommerlichen Schlossabenden und während des stimmungsvollen Weihnachtsmarkts den Mittelpunkt des öffentlichen Lebens.

Burg Dinslaken

Während Haus Wohnung, der Stammsitz des Jakob von der Kapellen, heute als Privatbesitz nicht zugänglich ist, ist sein „Arbeitsplatz“ Burg Dinslaken als Rathaus Mittelpunkt des öffentlichen Lebens. Bereits 1163 wurden die Herren von Dinslaken erstmals genannt. Andere Urkunden lassen darauf schließen, dass zu dieser Zeit bereits eine Burg existierte. In der ersten Hälfte des 13. Jahrhunderts gelangte der Besitz in die Hände der Grafen von Kleve und entwickelte sich zu einer bedeutenden Landesburg und zum Sitz des Amtes Dinslaken. Nach einer Zerstörung im Verlauf des Dreißigjährigen Krieges und dem Wiederaufbau wurde der sogenannte große Turm 1770 durch einen Blitzeinschlag so stark beschädigt, so dass er 1820 abgerissen werden musste. Einem schweren Brand im Jahr 1909 folgte die fast vollständige Zerstörung von Stadt und Burg 1945. 1950–52 fand der Wiederaufbau statt. Die Wiederherstellung erfolgte zwar auf dem alten Grundriss, jedoch in moderner Form. Einige ältere Bauteile, wie das Burgtor aus dem 13. Jahrhundert, blieben erhalten. Die Burg dient heute als Rathaus und als Kulisse für die im Sommer stattfindenden Freilichttheater-Aufführungen.

Anfahrt
A3, Ausfahrt Hünxe

Übernachtung / Gastronomie
Restaurant im Wasserschloss Haus Voerde

Events
standesamtliche Trauungen, Lesungen, Konzerte, Ausstellungen, Schlossabende im Park, Weihnachtsmarkt

Kontakt
Allee 65
46562 Voerde

→ **www.voerde.de**

Schloss Walbeck – Hotel und Events in ländlicher Idylle

Etwas außerhalb des Gelderner Ortsteils Walbeck befindet sich, eingebettet in ein idyllisches Waldstück, ein schmuckes Schloss, das Historie mit Freizeitvergnügen zu verbinden versteht. So befinden sich direkt vor dem Schloss, am Rande einer Weide mit Rindern, ein großer Kinder-Tobe-Bereich und ein Tipidorf, das neben Übernachtungen im Indianertipi spannende Freizeitaktivitäten wie Axtwerfen, Bogenschießen, Floßbau und Team-Building verspricht. Im Schloss selbst sind sowohl Übernachtungen als auch private Feiern und Tagungen möglich. Café und Biergarten runden das Angebot ab.

Das auf etwa 30 x 25 Meter erbaute vierflügelige zweigeschossige Haupthaus aus Backstein nach Art eines niederländischen Kasteels umschließt einen kleinen Innenhof. Seine Außenwände sind stolze 2 Meter dick und weisen etliche Spuren baulicher Veränderungen auf. Ihm ist eine eingeschossige Vorburg vorgelagert, die aus dem 18. Jahrhundert stammt. Nach wie vor ist die Anlage von einem Wassergraben, Büschen und Bäumen umgeben. Im Kern geht sie vermutlich auf das 14. Jahrhundert zurück. Zwischen den aufgesetzten Ecktürmen am Haupthaus befanden sich in der Vergangenheit Wehrgänge, die über den Dachboden führten. Ursprünglich waren nur schmale Schießscharten statt der heutigen Fenster vorhanden.

Die Herrlichkeit Walbeck

Die Gegend um Walbeck wurde bereits früh besiedelt. Auf dem etwa 30 bis 40 Meter über dem Meeresspiegel gelegenen „Sandhügel" einer Maas-Niersdüne wurden Hügelgräber aus der niederrheinischen Grabhügelzeit (800–500 v. Chr.) gefunden, in der Bauernschaft Sand sind es mehr als 40 Reste von Graburnen. Die Fundstücke lassen sich im Rheinischen Landesmuseum in Bonn und im Museum Kevelaer bewundern. Um 1064 befand sich vor Ort bereits eine Pfarre; eine erste urkundliche Nennung des Namens Walbeck stammt aus dem Jahr 1250.

Die Herrlichkeit Walbeck, zu der auch Haus Steprath gehörte, befand sich bis ins 16. Jahrhundert hinein als Rittersitz im Besitz der Schenken von Nideggen. Diese stammten aus der Eifel, hatten jedoch das Amt eines Schenken des Grafen von Jülich inne. 1346 wird Heinrich Schenk von Nideggen als Herr von Walbeck und Afferden genannt – die Herrlichkeit war vermutlich das Erbe seiner Gemahlin Aleyt von Rayde. 1381 sind Dorf und Herrlichkeit Walbeck erneut verbrieft.

1403 wird Haus Walbeck selbst erstmals urkundlich erwähnt. Zu diesem Zeitpunkt verkaufte Wynand Schenk von Nideggen seinen Anteil am Haus seinem Bruder Heinrich. 1452 wurde die Herrlichkeit unter dessen Erben in die Häuser Steprath und Walbeck aufgeteilt – ein Zustand, der bis ins 18. Jahrhundert unverändert blieb. Zunächst ging Haus Walbeck durch Eheschließung an die Familien von Bylandt (Herren von Schloss Rheydt) und von Gramey. 1653 ehelichte Erbtochter Theodora Katharina Lothar Wilhelm Otto von Bönninghausen. Sie starb kinderlos, ihr Gatte heiratete erneut und behielt sein Walbecker Erbe. Die männliche Linie von Bönninghausen starb 1802 aus. Es folgte eine Zeit mit zahlreichen Besitzerwechseln, nicht zuletzt begünstigt durch die Franzosenzeit, die Säkularisation und die Enteignung des Adels.

Die älteste bekannte Abbildung des Schlosses stammt aus dem Jahr 1743. Jan de Beijer zeichnete detailverliebt das alte Kastell zu einem Zeitpunkt, an dem die neue Vorburg noch nicht erbaut war. Stattdessen verdeckt ein strohgedecktes Wirtschaftsgebäude die Hofseite. Der abgebildete Torturm mit Treppengiebeln und Zugbrücke existiert in dieser Form heute nicht mehr. Jedoch wird deutlich, dass seither am Haupthaus nur im oberen Bereich größere Veränderungen vorgenommen wurden. Bei der Wiederherstellung nach einem Brand in den 1830er-Jahren wurde auf ein Stockwerk verzichtet. Zudem weist das heutige Dach nicht die von de Beijer abgebildeten Gauben und die Dachlaterne am Südflügel auf. Eine Abweichung der Erkertürmchen – eckig bei de Beijer und rund am heutigen Schloss – wird dagegen eher als Wiedergabefehler interpretiert, da der Maler trotz aller Liebe zum Detail eine ähnliche Änderung auch bei einer Abbildung der alten Kirche in Kellen vornahm (gotische Spitzbögen statt romanischer Rundbogenfenster). Ein Vergleich mit Bildern der untergegangenen Häuser Driesberg (Goch-Kessel) und Kranenburg, die bauähnlich mit Schloss Walbeck dargestellt werden, lässt auf einen Ursprung des Haupthauses um 1400 schließen.

Erholungsheim und Hotel

Anfang des 20. Jahrhunderts ersteigerte Jakob Klein das Anwesen. Es wurde fortan von der Familie zu Wohnzwecken genutzt. Sein Sohn, Major Dr. Walther Klein-Walbeck, ließ das Haus speziell im Inneren den modernen Bedürfnissen anpassen. Ihm verdankt Walbeck zudem den Spargelanbau. Den Zweiten Weltkrieg überstand das Schloss fast unbeschadet und diente fortan als Erholungsheim für Bergarbeiter. Ab 1955 richtete sich das Institut für christliche Sozialpädagogik dort ein. Familie Klein-Walbeck verkaufte das Anwesen 1980 an das Christliche Jugenddorfwerk. Bis heute erfolgten mehrere Eigentümerwechsel.

Seit 2014 wird Schloss Walbeck als Hotel genutzt – auch in Kombination mit dem Tipidorf als Veranstaltungs-Location buchbar. Es lässt sich zudem ganz entspannt von außen genießen – bei einem Spaziergang entlang der Spargelfelder und Gartenbauflächen und durch den beschaulichen Wald.

Anfahrt
Von der Kevelaerer Straße (Kevelaer – Straelen) in Walbeck Richtung Arcen fahren. Ab hier den Schildern folgen.

Übernachtung / Gastronomie
Hotel in der Vorburg, Hostel im Schloss, Biergarten und Schlosscafé

Events
Seminar- und Tagungsräume, Veranstaltungsräume für private und gewerbliche Feiern, Party-Bierkeller, Tipidorf mit Teambuilding, Boots- und Fahrradverleih, Floßbau, Bogen- und Armbrustschießen, Axtwurf u.v.m.

Kontakt
Schloss Walbeck
Am Schloss Walbeck 31
47608 Geldern
02831 1327743
info@schloss-walbeck.de

www.schloss-walbeck.de

Burg Wassenberg – Glücksort am Bergfried hoch über der Altstadt

Neben Kleve und Liedberg ist Burg Wassenberg eine der wenigen erhaltenen Höhenburgen am Niederrhein. Hoch über der Stadt (92 m über NN) thront der rechteckige viergeschossige Bergfried. Er wurde als höchster Punkt der ehemaligen Stadtbefestigung Anfang des 15. Jahrhunderts aus Backstein gemauert und diente einst als Sitz der Amtmänner und Vögte. Die Wassenberger Bürger wählten ihn zum Glücksort. Diesen Titel erhielten zehn Punkte im Stadtgebiet und in den zugehörigen Ortschaften, die ihren Besuchern besonders schöne Erlebnisse bescheren.

Unterhalb des Bergfrieds liegt die Burg, in der sich heute ein Hotel und ein Restaurant befinden. Angrenzend setzt sich die von Parkanlagen umgebene Stadtbefestigung aus dem 15. Jahrhundert fort, die fast vollständig erhalten ist. Zeugen jener Zeit sind neben Bergfried und Burg Reste der Stadtmauer, das Rosstor, ein Wehrturm an der Kirchstraße, der Eckturm am Gondelweiher und der Verlorenenturm im Süden der Altstadt. Heute wirkt die Altstadt von Wassenberg friedlich und idyllisch – doch die Geschichte lehrt uns, dass es ganz andere Zeiten gab, in der sich Schlachten, Belagerungen und Verwüstungen wie eine Kette aneinanderreihten. Doch auch die friedliche Nutzung der Burg als Restaurant blickt auf eine 200-jährige Tradition zurück.

Die Grafen von Geldern

Vermutlich befand sich an gleicher Stelle bereits eine römische Wehranlage. Im Jahr 1020 schenkte Kaiser Heinrich II. Burg und Land Gerardus von Antoing, der sich fortan Graf von Wassenberg nannte. Nachdem er ab 1054 auch ein Lehen im Hattuaria-Gau erhalten hatte und den Landbesitz am Niederrhein immer weiter ausbaute, gründete das Grafenhaus Wassenberg in der vierten Generation das Grafentum Geldern.

Gerhard III., der als erster Graf von Geldern urkundlich nachgewiesen ist, stiftete seiner Heimatstadt Wassenberg nach seiner Teilnahme an den Kreuzzügen die St.-Georgs-Basilika nebst Stift, die 1118 fertiggestellt wurden. 1131 heiratete seine Schwester Jutta Walram von Limburg. Die gemeinsamen Nachkommen bildeten nun die Herren von Wassenberg, das 1273 – bereits durch eine Mauer mit Wehrtürmen geschützt – die Stadtrechte erhielt. Doch zunächst kam es 1206 in Wassenberg zur „Kaiserschlacht", in der der Staufer Philipp von Schwaben gegen den späteren Kaiser Otto IV. von Braunschweig aus dem Hause der Welfen um den deutschen Thron kämpfte. Ursache hierfür war der Vorschlag des Staufers Heinrichs VI. im Jahr 1196, das Wahlkönigtum in ein Erbkönigtum umzuwandeln, was von den Fürsten verhindert wurde.

Als Heinrich nur 32-jährig verstarb, hinterließ er den minderjährigen Friedrich II., was dazu führte, dass zwei konkurrierende Könige gewählt wurden. Bei der Wassenberger Schlacht siegte der Staufer Philipp. Er ließ die mit Otto IV. verbündete Stadt Wassenberg plündern und verwüsten. Erst 1254 gelangte Wassenberg wieder zurück in die Hände der Limburger.

Nach dem Tod der letzten Erbin 1283 ging es bei der Schlacht von Worringen 1288 auch um das Erbe von Wassenberg. Der Kölner Erzbischof, Verlierer dieser Schlacht, ließ Stadt und Burg erobern und zerstören. In der Folge herrschten von 1295 bis ins 15. Jahrhundert hinein die bei Worringen siegreichen Herzöge von Brabant über Wassenberg. Land und Burg wurden zunächst den Heinsbergern zum Pfand gegeben, die den Wiederaufbau der Wehranlagen betrieben. In der Folge fiel es über die Häuser Burgund und Habsburg – kurzzeitig auch als Pfand der Grafschaft Moers – an Geldern und Jülich. Nach dem Jülich-Klevischen Erbfolgestreit trat ab 1614 die Linie Pfalz-Neuburg die Regentschaft über Wassenberg an. Südöstlich der Burg befindet sich neben der Stadtmauer ein Katapultstein im Gedenken an die wiederholten Belagerungen, vor allem im Mittelalter.

Auf dem Weg zum Glücksort

Um 1420 entstanden die heute sichtbaren Teile der Höhenburg und der Stadtmauer sowie der Kirchturm. Ebenso stammt der mächtige Bergfried aus der ersten Hälfte des 15. Jahrhunderts. Hier wurden unter anderem 1505 Kaiser Maximilian II. und 1543 Kaiser Karl V. empfangen. Der neuere, südwestliche Teil der Burg stammt aus der Jülicher Zeit um 1740. Sie diente als Wohn- und Verwaltungssitz des Jülicher Amtmanns. Aus der Zeit der Errichtung sind noch der Torturm mit der korbbogigen Durchfahrt und einem innen liegenden gotischen Spitzbogen sowie das Obergeschoss und die Dachhaube vorhanden. Als das Land Jülich mit Wassenberg 1815 nach dem Wiener Kongress an Preußen fiel, wurde Burg Wassenberg in private Hände verkauft. Bereits 1815 wurde ein Restaurant errichtet. Seit 1957 befindet sich die Burg im Besitz der Gemeinde Wassenberg und dient als Hotel und Restaurant.

2013–2015 wurde der fast verfallene Bergfried instand gesetzt. Mit einem Außentreppenlift lässt sich der Burgberg auch mit Handicap erklimmen. Durch einen Aufzug ist selbst die Aussichtsplattform auf dem Dach barrierefrei erreichbar. Sie bietet einen atemberaubenden Fernblick über das Rurtal und vermittelt einen Eindruck niederrheinischer Weite über den Dächern der historischen Altstadt. Und dem einen oder anderen ganz sicher ein Glücksgefühl!

Anfahrt
A 52 Ausfahrt Niederkrüchten (3), der B221 Richtung Niederkrüchten/Wassenberg ca. 15,5 km folgen (Kreisverkehr) – Parkgelegenheit am Bergfried und am Küstersgässchen

ÖPNV
Buslinien SB1/404/413/495, Haltestelle Burg Wassenberg

Übernachtung/Gastronomie
Hotel-Restaurant Burg Wassenberg by Savio

Events
Bergfried mit Aussichtsplattform, Ausstellungen im Bergfried, Gartenpark mit historischen Befestigungsanlagen, Krimi & Dinner, Musik & Dinner, Travestie, Konzerte, private Feiern, Hochzeiten

Kontakt
Auf dem Burgberg 1
41849 Wassenberg
02452/890020
info@burg-wassenberg.de

→ **www.burg-wassenberg.de**

Schloss Wickrath – Ein Haus für die Pferde und ein Park für das Volk

In der Mönchengladbacher Gemeinde Wickrath leuchtet das im Farbton Ochsenblut gestrichene Schloss Wickrath, umgeben von weitläufigen, frei zugänglichen Parkanlagen. Der Weg führt, flankiert von der imposanten Vorburg rechts und links, in der sich der Sitz des Rheinischen Pferdestammbuchs befindet, auf das als Restaurant genutzte Haus des Landstallmeisters zu. Es wurde 1875 am Standort des Hochschlosses errichtet und von ursprünglich klassizistischen in neobarocke Formen umgestaltet.

Das Wasserschloss am Oberlauf der Niers auf zwei künstlichen Inseln ist das erste große Haus in einer langen Reihe an diesem Fluss gelegener Schlösser. Die Parkanlage mit vielfältigen Wasserlandschaften ist als fünfeckige Grafenkrone geformt.

Das Huys

Die Herren von Wickrath wurden in Person des Grafen Gerlach 1068 erstmals urkundlich erwähnt, Burg Wickrath selbst („Castrum Wichinrod") kurz darauf im Jahr 1104 in einem Bericht, der sich auf das Jahr 1075 bezieht. Nach dem Tod des Grafen Gerlach ging der Besitz in die Hände der Familie Hochstaden über. Die bis dahin reichsunmittelbare Herrschaft Wickrath wurde 1310 durch Otto V. den Grafen von Geldern zu Lehen aufgetragen: der Besitz ging an die Grafen von Geldern über, Otto V. erhielt sie jedoch unter dessen Schutz als Lehen zurück. Seine kinderlose Witwe ehelichte kurz darauf den Ritter Wilhelm von Millen. 1322 wurde die Burg als Huys (befestigtes Haus) bezeichnet. 1338 wurde die außerhalb des Geldrischen Territoriums gelegene Landesburg Wilhelm von Broekhuysen zu Lehen gegeben. Der Graf behielt das Wohnrecht und nutzte die Burg zu Verwaltungs- und Verteidigungszwecken. Johann III. von Wickrath wurde 1429 Erbkämmerer des Herzogs von Geldern.

1488 endete die Zugehörigkeit zum Herzogtum. Unter Heinrich von Hompesch wurde Wickrath durch den Kaiser verliehenes unmittelbares Reichslehen ohne Abhängigkeit von Geldern. Die Burgsiedlung wurde 1488 noch als Flecken bezeichnet, erhielt im selben Jahr jedoch das Stadt- und Marktrecht und durfte fortan Zölle und Wagengeld erheben.

Heinrichs Ehe mit der kinderreichen Witwe von Quadt führte zu einer Herrschaft der Familie von Quadt bis zum Jahre 1796. (Diese Familie spielt auch in der Geschichte von Schloss Gartrop eine Rolle.) 1752 wurde die Familie in den Reichsgrafenstand erhoben. 1745 wütete ein Brand in der spätmittelalterlichen Burg und zerstörte sie fast völlig. Otto Friedrich von Quadt ließ die alte Burg abtragen und an ihrer Stelle von den Baumeistern Matthieu und François Soiron ein auf Pfählen im Sumpfland ruhendes, prächtiges axialsymmetrisches Barockschloss mit einem Herrenhaus und zwei mächtigen Vorburgflügeln, begleitet von zwei Pavillons (Orangerie), und einen weitläufigen, kronenförmigen französischen Garten mit Weihern und Lindenalleen errichten. Bereits zu dieser Zeit beherbergte Schloss Wickrath ein Zentrum für Pferdezucht und blieb diesem Thema bis zum heutigen Tag treu. So verbinden sich, blickt man über das Wasser auf die Rückseite der östlichen Vorburg, friedvoll die barocke Fassade, dampfender Mist, chromblitzende Transporter und edle Pferde.

Das Landgestüt

1794 flüchtete Graf Otto Wilhelm vor den französischen Besatzern. Napoleon ließ 1806 ein Hengstdepot einrichten. Ab 1816 wurde die Anlage von den Preußen genutzt und diente ab 1818 sechzehn Jahre lang als Kaserne und ab Mitte des 19. Jahrhunderts als Landgestüt. Das baufällige Herrenhaus wurde 1859 gegen den Widerstand der Bevölkerung abgerissen und durch ein deutlich kleineres klassizistisches Wohngebäude für den Gestütsdirektor ersetzt. In diesem Gebäude, das Anfang des 20. Jahrhunderts im Stil des Neobarock erweitert und umgestaltet wurde, befindet sich seit 1959 ein Restaurant.

1911 wurde das Rheinische Pferdestammbuch nach Bonn verlegt, kehrte 2002 zurück nach Wickrath und residiert in der Vorburg. Die beiden Gebäude der Vorburg flankieren die auf das Herrenhaus zulaufende Allee. Sie sind noch heute geprägt durch einen zweigeschossigen Mittelbau mit Reliefdarstellungen im Giebelfeld, eingerahmt von eingeschossigen Seitenflügeln, die wiederum in den Pavillons einen Abschluss finden. Der Karottegraben, ein Nebenlauf der Niers, trennt Vorburg und Hauptburg. Seitlich des Schlossparks schließen sich weitläufige Reitanlagen an. Der sogenannte Nassauer Stall an der westlichen Vorburg wird für Veranstaltungen, Ausstellungen und Gottesdienste genutzt. Nach umfangreichen Restaurierungen, u. a. anlässlich der Landesgartenschau 2002, strahlt Wickrath in herrschaftlichem Glanz. Der Schlosspark ist Bestandteil der Straße der Gartenkunst.

Schlösser und Pferdesport

Obwohl der Umgang mit Pferden nicht fleckenfrei möglich ist, gehören edle Rösser und herrschaftliche Häuser seit Jahrhunderten zusammen. Fürstliche Hofreitschulen, exklusive Internate und internationale Reitturniere finden in Schlössern und Burgen eine perfekte Kulisse vor. Der Ursprung liegt auf der Hand: der Adel benötigte für Schlachten, Turniere und zur Fortbewegung die passenden Pferde und besaß Raum, Geld, Möglichkeiten und schließlich auch das Know-how für Zucht, Training und Unterbringung der vierbeinigen Gefährten. In Vollendung wird dies deutlich am Beispiel des Rheinischen Pferdestammbuchs im Pferdezentrum Schloss Wickrath. Im Außenbereich des Parks bieten vis-à-vis zum Schlossteich Dressurvierecke und Springplätze perfekte Trainingsmöglichkeiten. Auf der Rückseite der barocken Vorburg versteckt sich dezent ein frisch bestückter Misthaufen. Frisch gestriegelte Pferde glänzen im Sonnenlicht. Nach dem beliebten Schlossparkturnier mit Austern und Champagner etabliert sich nun das Christmas Jumping, ein Hallenturnier kurz vor Weihnachten. Atmosphäre und Kulisse sind garantiert!

Anfahrt
A61 Ausfahrt MG-Wickrath

ÖPNV
Linien 006 und 026, Haltestelle Trompetenallee (6 Minuten Fußweg)

Übernachtung/Gastronomie
Café-Restaurant Schloss Wickrath

Events
Wickrather Schlossgeschichten, Feiern und Feste im Restaurant, Wickrather Schlosspark-Turnier, Fest am See, Sport im Park, Schlossparkführungen

Kontakt
Café-Restaurant Schloss Wickrath
Schloss Wickrath 17
41189 Mönchengladbach
02166/846063
schlosswickrath@yahoo.de

www.wickrather-schloss.de

Rheinisches Pferdestammbuch e.V.
Schloss Wickrath 7
41189 Mönchengladbach
Tel. 02166/6219120
cg@pferdezucht-rheinland.de

wwww.pferdezucht-rheinland.de

Schlosspark:
Hochstadenstraße

www.moenchengladbach.de

Rittergut Wildenrath – Landwirtschaftlich-ritterliche Gastronomie und Golf für jedermann

Im Außenbereich von Mönchengladbach-Wanlo liegt zwischen Feldern und Wiesen das Rittergut Wildenrath – ein idyllischer Ort, der Gastronomie und eine Golfanlage bietet und durch den Einfallsreichtum seines Betreibers eine enorme Originalität gewinnt. Die Ländereien des Golfplatzes liegen zum Teil in der Nähe der nördlichen Abbaukante des Braunkohletagebaus Garzweiler II. Auf dieses Gelände wurde zudem die Niersquelle „umgeleitet“, so dass aus einem Wasserhindernis heraus das Sümpfungswasser aus dem Tagebau als „neue Niers“ in das alte Flussbett geleitet wird. Dieses Wasser speist ebenfalls den Wassergraben der Hofanlage.

„zome Dike“

Die wechselvolle Geschichte des Wilderather Hofes ist eng verbunden mit der direkt benachbarten Dycker Mühle, die bereits 1104 erwähnt wurde. Sie beginnt vor 1251, als der Besitz des Grafen von Are-Hochstadt an den Grafen von Jülich verkauft wurde. Um 1343 muss die Anlage von hohen Wällen umgeben gewesen sein – zu jener Zeit wurde sie „zome Dike“ genannt.

Als zu Jülich gehörender Rittersitz Dyck wurde er als Erbpacht an die Edelherren von Wilderath gegeben, die ihn sieben Generationen lang bewirtschafteten. Ihr Wappen, das u. a. den Jülicher Löwen enthält, ist nach wie vor in den drei Fenstern über dem Torhaus zu finden. Im Februar 1587 drangen die Wirren des Achtzigjährigen Krieges, der auch in Wanlo wütete, gewaltsam in das Rittergut vor: Das Haus wurde eingenommen und zwei Herren von Wilderath fanden dabei den Tod. Es wird überliefert, sie seien zersägt worden.

Der Name ist dem Gut bis heute erhalten geblieben – lediglich durch mündliche Überlieferung um den Buchstaben „n“ ergänzt; ein Name, der sich längst durchgesetzt hat. Als freiadeliger Rittersitz wurde er von weiteren sieben Generationen der Freiherren und Grafen von Leerodt geführt.

Nachdem die Bauern als Knechte das Gut schon vorher bewirtschafteten und am Leben erhielten, gelangte es 1858 erstmals in bäuerlichen Besitz. 1890 erwarb ein Urgroßonkel des aktuellen Eigentümers Hans Ludwig Hoffmann das Anwesen, das sich heute als von einem Wassergraben umgebene vierflügelige, an der Wohnseite offene Backsteinhofanlage mit Tordurchfahrt präsentiert. Das Torhaus stammt aus dem 19. Jahrhundert, das Haupthaus wurde 1829 neu errichtet.

Ein breites Angebot

Hoffmann bewirtschaftete als Landwirtschaftsmeister 120 Hektar Land. Verärgert über den schlechten Ruf der Landwirte als „Giftmischer“, öffnete er 1983 erstmals den Hof für die Öffentlichkeit und schuf nach und nach einen Erlebnis-Bauernhof und eine Wirtschaft. Auf den Ländereien wurde 1997 eine 9-Loch-Golfanlage geschaffen, die 2002 auf einen 18-Loch-Meisterschaftsplatz erweitert wurde. Die Mönchengladbacher Golfsportanlage ist eine öffentliche Anlage für Golfer mit Platzreife beziehungsweise einem Handicap ab 54. Zudem gibt es eine Golfschule und Schnuppermitgliedschaften für jedermann sowie ein öffentliches Golf-Bistro.

Im ehemaligen Kuhstall und Getreidelagerraum befindet sich ein Restaurant mit rustikal-ritterlichem Flair und angeschlossenem Biergarten. Unter dem Berliner Tonnengewölbe aus Feldbrandsteinen und in Gesellschaft landwirtschaftlicher Requisiten und Ritterrüstungen lässt sich gutbürgerlich tafeln. Weitere Scheunen können für Feierlichkeiten genutzt werden, wobei sogar das Gutsherrendiplom in bäuerlichen Disziplinen wie Wettmelken, Hufeisenwerfen oder Holzschuhlaufen für Gruppen erworben werden kann. 2007 wurde am Hof, gegenüber des „Göpelhauses“, eine Marienkapelle errichtet und eingesegnet. Sie enthält eine Madonna aus Mitteltal im Schwarzwald und das Weihwasserbecken der durch den Braunkohletagebau abgerissenen Kirche von Alt-Otzerath. Der Außenaltar stammt aus der Wanloer Kirche.

Natur genießen, Golf spielen, essen, feiern, beten und das Flair alter Zeiten atmen – das muss kein Gegensatz sein!

Golfplätze in herrschaftlicher Umgebung

Die recht flache und wasserreiche Niederrheinlandschaft ist die ideale Basis für Golfplätze. Kommt nun noch ein Rittergut oder ein Schloss hinzu, ist die Atmosphäre perfekt. Zudem verfügen Herrenhäuser meist über genügend Land, um einen weitläufigen Park zu gestalten. Der freie Zugang für die Öffentlichkeit, wie wir ihn am Rittergut Wildenrath vorfinden, ist jedoch selten. In der Regel sind Golfclubs angemeldeten Mitgliedern vorbehalten. Diese finden rund um die Schlösser eine idyllische Kulisse vor, die die Herzen höher schlagen lässt: beispielsweise am Schloss Myllendonk oder am Rittergut Birkhof in Korschenbroich, an der Wasserburg Anholt, am Schloss Haag in Geldern, am Schloss Moyland, am Schlösschen Borghees in Emmerich oder auch am Schlösschen Haus Bey in Nettetal-Hinsbeck. Die Golf-Bistros sind meist öffentlich und erlauben so auch dem breiten Publikum einen Blick auf die herrschaftliche Umgebung.

Anfahrt
A44/A46/A61 Abzweig „Wanlo" bis Autobahnende. Ab hier den Schildern folgen.

ÖPNV
Buslinie 6 bis Endstation Wanlo-Markt (400 Meter Fußweg).

Gastronomie
Restaurant, Golf-Bistro und Biergarten auf dem Rittergut

Events
Mönchengladbacher Golfsportanlage, Feierscheune, Gutsherrendiplom, Marienkapelle

Kontakt
Rittergut Wildenrath
Kuckumer Straße 61
41189 Mönchengladbach-Wanlo
02166/954954
info@rittergut-wildenrath.de

www.rittergut-wildenrath.de

Schloss Wissen – Wasserschloss an der Niers

Unmittelbar hinter dem Wehr, das die Nierspaddler zwingt, ihr Boot unter der Brücke hindurch ein paar Meter flussabwärts zu tragen, fließt die Niers unter mächtigen alten Bäumen. Linkerhand öffnet sich der Blick auf ein Schloss, dessen Herren über Jahrhunderte hinweg die Geschichte der umliegenden Ortschaften bestimmten wie wenige andere: Schloss Wissen.

Zwei Familien

Es sind nur zwei Familien, die in den vergangenen 650 Jahren auf der Wasserburg residierten. Seit 1461 – nunmehr in der 16. Generation – ist es der Stammsitz der Familie von Loë. Vermutlich wurde bereits im 12./13. Jahrhundert an der Stelle des heutigen Haupthaus-Südflügels ein Wehrturm errichtet. Die Wassermühle ist für das frühe 15. Jahrhundert nachgewiesen; die Vorburg geht vermutlich auf das 14. Jahrhundert zurück. Im Jahr 1372 existierten bereits eine Vor- und eine Hauptburg. Sie war Stammsitz der Herren van der Straeten, die auch den Amtmann im geldrischen Amtsbezirk Goch stellten und ursprünglich aus Flandern stammten. Nach dem Aussterben der männlichen Linie verkaufte die kinderlos verwitwete Tochter das Anwesen für 9250 oberländische rheinische Goldgulden an Johann von Loë, der aus Recklinghausen stammte und als klevischer Amtmann tätig war. Damit ermöglichte er seinem bis dahin im Rheinland besitzlosen Sohn Wessel die Heirat mit Lysbeth van Berenbroick, der Tochter des einflussreichen Gocher Amtmanns. Nachdem Goch in klevischen Besitz gelangte, war Wessel erster klevischer Amtmann in Goch. 1497 erhob Herzog Johann von Kleve Wissen zu einer eigenen Herrlichkeit. Die Familie erlangte 1629 den Freiherren- und 1808 den Grafenstand.

Die Wallfahrt

Als 1643 nach Hendrik Busmanns Marienerscheinung und dem Beginn der Wallfahrt die Kerzenkapelle in Kevelaer erbaut wurde, geschah dies auf Wissener Grund und Boden. Degenhardt-Bertram von Loë stiftete der Kirche ein sechs Morgen großes Areal – hier befindet sich heute unter anderem der Kapellenplatz. Im Gegenzug wird am Tag nach Allerseelen jährlich ein Hochamt für die Verstorbenen der Familie gehalten, und sie besitzen bis heute das Recht, in der Wallfahrtskirche bestattet zu werden.

Wie bei so vielen Häusern änderte sich Schloss Wissens Äußeres im Laufe der Jahrhunderte aufgrund verschiedenster Baumaßnahmen. Im 16. Jahrhundert wurde die inzwischen vierflügelige Hauptburg mit Renaissancetürmchen und Erkern versehen. Um 1740 erhielt die Vorburg mit dem Torbau und einem neuen Satteldach barocke Elemente. Eine Bogenbrücke aus Stein ersetzte die hölzerne Zugbrücke. Bis 1770 wurde die Wasserburg zu einem barocken Landschloss im französischen Stil mit umfangreichen Parkanlagen umgestaltet. Hierbei wurde ein Großteil der Türme abgetragen und das Haus weiß verputzt.

Die Schlosskapelle

1876/77 erfolgte ein erneuter Umbau im neugotischen Stil unter der Leitung des Kölner Baumeisters Vinzenz Statz, der zeitgleich auch die Schlosskapelle errichtete. Sie ist das einzige noch erhaltene Gesamtkunstwerk im Nazarener Stil im Rheinland mit Malereien nach Entwürfen von Eduard von Steinle. Eine Hauskapelle mit einem geweihten Altar ist bereits für das Jahr 1401 belegt. Der heutige Bau ist wie das Schloss auf Holzpfählen errichtet – allerdings wurde dies nicht sachgemäß durchgeführt, so dass zwischen 2011 und 2015 umfangreiche Sanierungs- und Rettungsmaßnahmen zum Erhalt der Schlosskapelle ergriffen werden mussten.

Das Schloss selbst wurde im Zweiten Weltkrieg als Lazarett genutzt und entging so der Bombardierung. Gräfin Isabelle bot zudem zahlreichen Flüchtlingen Schutz. Obwohl das Schloss nicht unmittelbar von Bomben getroffen wurde, war es doch durch Kriegseinwirkungen beschädigt und ab 1957 nicht mehr bewohnt. Um es wieder bewohnbar zu machen, trennte man sich im Rahmen umfangreicher Sanierungs- und Restaurierungsarbeiten in den Jahren 1969 bis 1973 von Anbauten des 16. Jahrhunderts. Gleichzeitig erhielt das Haupthaus ein weiteres Geschoss und ein neues Dach.

Heute beherbergt Schloss Wissen um einen alten Dorfplatz mit Brunnen gruppierte Gästehäuser mit phantasievoll gestalteten Zimmern (Ritterzimmer, Prinzessinnenturm, Schmiedehaus ...). Es bietet zudem Räumlichkeiten für Tagungen, Gesellschaften und private Feiern. Mehrmals im Jahr finden öffentliche Veranstaltungen statt, wie Konzerte, ein großes Parkfest für die ganze Familie und öffentliche Gottesdienste in der Schlosskapelle. Im Dezember 2019 eröffnete das kleine, aber feine öffentliche Restaurant Vis-à-Vis in der historischen Wassermühle.

Anfahrt
A57 Ausfahrt Goch/Weeze, B9 Richtung Weeze/Kevelaer

Übernachtung / Gastronomie
Schloss Wissen Hotellerie , Restaurant Vis-à-Vis

Events
standesamtliche Trauungen, öffentliche Messen und Gebetsabende in der Kapelle, Konzerte, Parkfest am 2. Julisonntag, Weihnachtsbaumschlagen, Kaminholz

Kontakt
Schloss Wissen Verwaltung
Schlossallee 26
47652 Weeze
02837/9131-21
info@schloss-wissen.de

→ **www.schloss-wissen.de**

Niederrheiner erzählen - 1900 bis 1960
Clemens Reinders
112 Seiten, Farb- und S./w. Fotos
ISBN 978-3-8313-3251-9

Niederrhein - 1000 Freizeittipps
Ausflugsziele, Sehenswürdigkeiten, Sport, Kultur, Veranstaltungen
Susanne Wingels
192 Seiten,
ISBN 978-3-8313-2892-5

Dunkle Geschichten vom Niederrhein
SCHÖN & SCHAURIG
Susanne Wingels
80 Seiten, Hardcover, schw./w. Fotos
ISBN 978-3-8313-2879-6

Weihnachtsgeschichten vom Niederrhein
Ulrike Renk
80 Seiten, Hardcover, zahlr. schw./w. Fotos
ISBN 978-3-8313-2747-8